民族之魂

母慈子爱

陈志宏◎编著

延边大学出版社

图书在版编目（CIP）数据

母慈子爱 / 陈志宏编著 . -- 延吉：延边大学出版社，2018.4（2023.3 重印）

（民族之魂 / 姜永凯主编）

ISBN 978-7-5688-4512-0

Ⅰ. ①母… Ⅱ. ①陈… Ⅲ. ①品德教育—中国—青少年读物 Ⅳ. ① D432.62

中国版本图书馆 CIP 数据核字（2018）第 069094 号

母慈子爱

编　　　著：陈志宏

丛 书 主 编：姜永凯

责 任 编 辑：王　静

封 面 设 计：映像视觉

出 版 发 行：延边大学出版社

社　　　址：吉林省延吉市公园路 977 号　　　邮编：133002

网　　　址：http://www.ydcbs.com　　　E-mail：ydcbs@ydcbs.com

电　　　话：0433-2732435　　　传真：0433-2732434

发行部电话：0433-2732442　　　传真：0433-2733056

印　　　刷：三河市同力彩印有限公司

开　　　本：640×920 毫米　　　1/16

印　　　张：8　　　字数：90 千字

版　　　次：2018 年 4 月第 1 版

印　　　次：2023 年 3 月第 2 次印刷

ISBN 978-7-5688-4512-0

定价：38.00 元

人有灵魂，国有国魂；一个民族，也有民族魂。

鲁迅先生曾经说过："唯有民魂是值得宝贵的，唯有他发扬起来，中国才有真进步。"

鲁迅先生以笔代戈，战斗一生，曾被誉为"民族魂"。

民族魂，顾名思义，就是一个民族的灵魂！民族魂，是一个民族的精髓，体现了一种民族的精神，是一个民族生存和存在的精神支柱。

什么是中华民族的民族魂？那就是中华民族精神！它是中华民族凝聚力的理念核心，是中华文明传承的基因。它包含热烈而坚定的爱国情感，对生活的美好愿望和追求，为目标努力奋斗的拼搏毅力，为正义事业不惜牺牲自己的精神，以及正确的人生观和价值观。

前 言

翻开浩瀚的中国历史长卷，我们可以看到数不胜数的，体现民族精神和民族魂的英雄人物和可歌可泣的感人故事。

民族魂，不仅体现在爱国主义精神和行动中，而且体现在各个领域自强不息的民族奋斗中。而中华民族精神的力量，更是深深植根于延绵几千年的传统文化之中，始终是维系中华各族人民共同生活的纽带，是支撑中华民族生存和发展的精神支柱，是不断推动中华民族前进的强大动力。

民族魂体现在"重大义，轻生死"的生死观中；民族魂体现在"国家兴亡，匹夫有责"的使命感中；民族魂体现在"我以我血荐轩辕"的大无畏精神中；民族魂体现在将国家利益置于最高的爱国情怀中！

　　纵观中华五千年文明史，曾经有多少杰出的政治家、军事家、思想家、文学家、科学家、艺术家；曾经有多少忧国忧民、鞠躬尽瘁的仁人志士；曾经有多少抗击外敌、英勇献身的民族英雄。他们或顺应历史潮流，积极改革弊政，励精图治，治国安邦，施利于民；或为人类进步而不断进行着农业、工业、科技、社会等各种创新；或开发和改造河山，不断创造着灿烂的中华文明；或英勇反击外来侵略，捍卫着国家主权和民族尊严；或坚决反对民族分裂，维护国家的统一……他们从不同的侧面，体现了中华民族的民族魂，谱写了几千年中华文明的壮丽诗篇，铸造了中华民族高尚而坚不可摧的"民族之魂"。

　　民族魂，就是爱国魂。从屈原在汨罗江边高唱的《离骚》，到文天祥大义凛然赴死前的"人生自古谁无死，留取丹心照汗青"的诗句；从岳飞的岳家军抗击入侵金兵，到郑成功收复台湾；从血雨腥风的鸦片战争，到硝烟弥漫的十四年抗战，再到抗美援朝的隆隆炮声……哪个为国捐躯的英雄不是可歌可泣的？

　　民族魂，就是奋斗魂。从勾践卧薪尝胆，到司马迁秉笔直书巨著《史记》；从鉴真东渡传播佛法终在第六次成功，到詹天佑自力更生建铁路；从袁隆平百次实验成为"水稻之父"，到屠呦呦的青蒿素获得诺贝尔奖……哪个不是历经艰难，最终取得成功？

　　民族魂，就是改革献身魂。从管仲改革到商鞅变法；从王安石变法到百日维新……哪次变法图强不是要冲破

民族之魂

旧势力的阻挠，或流血牺牲？

民族魂，就是创新魂。古有毕昇发明活字印刷，今有王选计算机照排；古有指南针、造纸术、火药、浑天仪、地动仪的发明，今有神舟号的相继飞天……哪个不是中华民族的智慧结晶？

自古以来，多少仁人志士为了维护人格的尊严和民族气节，以生命为代价！留下了"玉可碎不可污其白，竹可断不可毁其节"的称颂；有多少英雄豪杰，为理想和事业奋斗，面对死亡的威胁，大义凛然；有多少爱国壮士面对侵犯祖国的列强，挺身而出而献出生命。

伟大的中华民族孕育了五千年的辉煌，五千年的历史留下了璀璨的中华文明。

中国人的血脉流淌着顽强不屈的精神！我们的先辈用血汗和生命铸就了不朽的中华民族魂！换得如今中华大地的一片祥和安宁，换得我们现在的幸福生活。如今，我们要实现习近平主席提出的中国梦，依然需要我们秉承祖辈留下的这种"民族魂"。

青少年是国家的希望，亦是民族的未来。因此，爱国主义教育和励志图强教育要从青少年开始。为了增强对青少年的民族精魂和志向教育，我们精心编写了本套丛书——《民族之魂》丛书。

本套丛书将我国有史以来体现民族精神和民族魂的典型事迹，以通俗易懂的语言故事形式展现出来，适合青少年的阅读水平和欣赏角度。书中提供的人物和事件等故事，涉及社会的各个方面，有利于青少年学习和理

前　言

解，使读者能全方位地领悟中华民族精神。

为了帮助读者更好地理解和吸收故事的精神，编者在每篇故事后还给出了"心灵感悟"，旨在使故事更能贴近现实社会，让读者结合自身的需要学习领会，引发读者更深入的思考。

希望读者们可以从本套图书中获得教益，通过阅读，真正体会到中华民族之魂所在，同时能汲取其精华，不断提升自己各方面的素质和品格，为祖国新时代的建设和发展做出努力。

全套丛书分类编排，内容详尽，风格独具，是广大读者尤其是青少年爱国励志教育的优秀阅读材料。相信本套丛书一定可以成为青少年朋友的良师益友。

民族之魂

导言

　　"母慈子爱"是我国古代亲子关系最基本的原则。母慈即亲代对子代的关怀爱护，它包括生养、抚育、关爱，它不仅是一种哺育之情，更是母亲对子女成长的培养和教育，母慈不等于溺爱；子壮不只是孩子的身体健康，还包括孩子的人格健康，道德修养良好，有远大的理想抱负以及成人后事业的成功；另外，还包括孩子对父母的孝养、孝敬、继业、弘志等。"母慈子爱"反映了亲子间相互的道德责任与义务。

　　"母慈子爱"作为传统道德，根植于封建宗法社会，通过"移孝为忠"为封建社会制度服务。因此，传统道德中的"母慈子爱"提倡子辈对亲长的绝对服从，"父要子亡，子不得不亡""天下无不是的父母"。封建社会树立的孝行典范"二十四孝"中就包含着许多愚昧、残忍的东西，这些与时代精神相背离的因素，我们必须坚决予以否定。但是，"母慈子爱"同时也植根于亲子间的血缘亲情，是维系家庭的和睦和稳定的需要，亲子关系是人类社会中重要的家庭关系。从这一点来看，"母慈子爱"的德行又有着普遍意义。因此，在现代精神文明建设中，我们应继承中华民族的这一传统美德，但必须建立在批判分析的基础上加以传承。

　　在现实社会中，依然有不少"母不慈，子不壮"的现象，做父母的不能够给子女做好的榜样，对子女的养育和教育或溺爱或无爱，或专制或纵容。为人之母不懂得爱抚孩子和理解孩子，这样环境下长大的孩子自然不能"壮"。本书中，我们精心选编了一些体现"母慈子爱"内涵的经典故事，希望读者通过阅读此书，更深刻地理解它的意义，从中有所领悟并受到启迪。今天，我国社会主义和谐社会建设正处于发展的阶段，国家需要的是德才兼备的人才，而家庭是一个人成长的重要环境，因此，我们需要继承"母慈子爱"这一中华民族的传统美德，提倡健康和谐的家庭生活，母做到有慈有爱，子做到有情有孝。

目录
CONTENTS

第一篇　良母教子有方

2　孟母三迁择邻

6　敬姜教子勤政

9　范滂母为子正义饯行

13　田母"却金为儿廉"

16　崔母教子做明官

20　陶母训子奉公守廉

25　少年韩康伯替母分忧

28　崔母教子有方子成器

32　蔡襄替母履行诺言

37　董母劝子反戈从正

41　李太后严教扶少帝

46　胡母严教子成才

50　钟令嘉育子"鸣机夜课"

第二篇　良母善教有成

56　岳母刺字"精忠报国"

60　鲍出闯贼群救母

70　蔡君仲采桑孝母

77　沈季铨舍命入江救母

80　朱丹溪为母学医

84　王祥孝敬继母

I

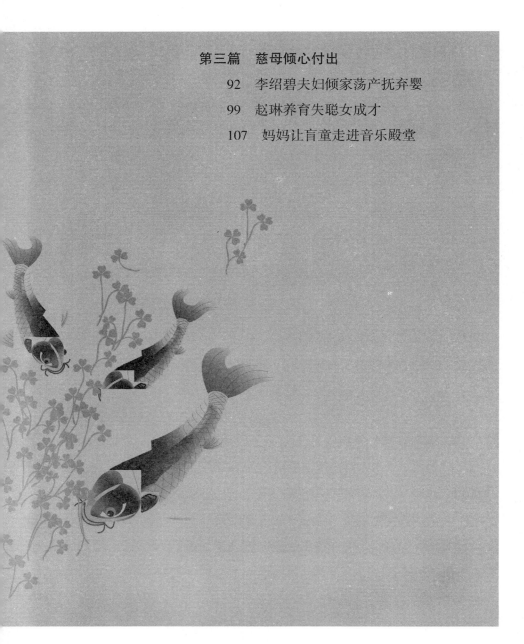

第三篇　慈母倾心付出

92　李绍碧夫妇倾家荡产抚弃婴

99　赵琳养育失聪女成才

107　妈妈让盲童走进音乐殿堂

第一篇
良母教子有方

孟母三迁择邻

　　孟母（？—前317），孟子的母亲，仉氏。孟轲早年丧父，孟母教子的故事千百年来妇孺皆知。

　　孟子是我国战国时期伟大的思想家、教育家，他自幼刻苦努力，勤奋好学，最终获得成就。孟子之所以能有如此大的作为，除了本身的努力外，与母亲煞费苦心地"三迁择邻"还着重要的关系。

　　孟子幼年时和母亲住在靠近坟场的一个地方。孟母不知道这样的环境对年幼的孟子会产生什么影响。孟母细心地观察儿子发现，孟子将出殡时人们泣哭、干嚎，甚至鼻涕一把泪一把的样子都模仿得惟妙惟肖。看到儿子的这种变化，孟母并没有责备儿子，儿子毕竟年幼，不能分辨好坏黑白。

　　坟场是出殡的目的地，不会每天都人来人往。在坟场没什么人时，孟子便会和小伙伴们跑到坟场玩耍，不是成群结队装成出殡队伍送葬的样子，就是模仿在坟头祭祀逝者的场面。看到这些，孟母想：这样下去，儿子到底能学到些什么呢？

　　经过一番深思熟虑后，孟母决定搬走。因为她发现这个地方实在不是年幼的儿子应该居住的地方。

孟母将家搬到了一个距离集市较近的地方。

　　每天清晨，集市上推车的、挑担的、赶集的、下店的等各种人群来来往往，十分热闹。孟子刚来时，看到这样热闹的场面，除了觉得新奇之外，还对自己喜欢的东西进行仔细观察和模仿。很快，孟子学会了生意人的吆喝，买卖双方的讨价还价，甚至把买卖双方成交前后的神态都模仿得十分逼真。

　　孟母把儿子的这些变化都看在眼里，比在坟场附近居住时更要着急。孟母认为，如果这样下去，儿子不知道又会变成什么样的人呢！于是，孟母想再搬家。

　　这一次，孟母把家搬到了一个学堂的附近。

　　这里既没有出殡的情形与祭祀的场面，也没有生意人云集，良莠难辨的复杂情形，有的只是书声琅琅、揖让进退之礼。不论是先生还是学生，彼此都相处得一团和气。

　　开始时，孟子也觉得很新鲜。渐渐地，孟子觉得读书也挺好，于是逐渐收敛起野性，端起书本，加入学子们琅琅的读书声中了。

　　后来，孟子不但越来越喜欢读书，还跟老师和其他同学学着做一些迎来送往的规矩动作。时间长了，孟子变得温文有礼，行坐有节，还学到了许多为人处世的道理。

　　孟母看到儿子的进步心里十分高兴，她逢人便说："这里才是真正适合我儿子居住的地方啊！"

□故事感悟

　　孟母为了儿子学做人，三次迁居，真可谓绞尽脑汁，煞费苦心。"孟母三迁"的故事说明教育孩子要懂得"近朱者赤，近墨者黑"的道理。

孟母断机教子

少年时期的孟子，开始时读书很不用功。

有一天，孟子回家后，孟母正坐在织机前织布。看到孟子回来，孟母就问："《论语》的《学而》篇会背诵了吗？"

孟子回答说："已经会背诵了。"

孟母高兴地说："那你背给娘听听吧。"

可是，孟子翻来覆去地只会背诵其中的一两句，其余的根本背不出来。孟母听了十分生气，便随手举起一把剪刀，"嘶"的一声，将刚刚织好的布全部割断了。

孟子见母亲把辛苦织好的布都割断了，心里很难过，却又不知道母亲为什么要这样做，便忙询问母亲。

孟母教训孟子说："这学习就像织布一样，不认真读书，就像断了的布。布断了，就再也接不起来了。学习如果不努力，就永远也学不到真本领。"

说到伤心处，孟母哭了起来。孟子很受触动，从此以后，他牢记母亲的话，开始用功读书。

孟母祠

孟子年轻时期，最想去的国家就是宋国，但为了奉养老母，他一再拖延。转眼30年过去了，孟母已是年逾古稀，孟子也已到了知天命之年，整日长吁短叹，闷闷不乐。孟母问明原因后，对儿子说出了一段话："夫妇人之礼，精五味，擅酒浆，养舅姑，缝衣裳而已，故有闺内之修，而无境外之志。以言妇人，无擅制之义，而有三从之道也，故年少则从乎父母，出嫁则从乎夫，夫死则从乎子，礼也。今子成人也，而我老矣！子行乎子义，吾行乎吾礼。"母亲的三言两语，就把孟子心中的积虑一扫而光，于是孟子再次周游列国，受到了空前的尊敬与欢迎。

在孟子功成名就时，孟母却去世了。在归葬故乡马鞍山时，过去的乡邻都争相在路旁祭奠，极尽哀思。如今，山东省邹城县北20里的马鞍山麓上还留有古柏森森的孟母墓，历代都有石刻颂扬孟母的坚贞志节与慈母风范，并建有孟母祠，以作为人们的祭奠之处。

敬姜教子勤政

敬姜（生卒年不详），鲁国大夫公父文伯的母亲。敬姜所著《论劳逸》被称为春秋战国时期家训的代表作。

春秋后期，季康子执掌了鲁国的权力。他的叔叔公父文伯官为大夫，很受季康子的宠信。

有一天早朝之后，公父文伯去给母亲敬姜请安。他发现母亲正坐在纺车前纺线，就对母亲说，像我们这样的家庭，母亲还自己纺线，季康子知道了会不高兴的，还以为儿子我不好好地侍奉母亲。

听了儿子的话，敬姜叹了口气，对公父文伯说："大事不好了，鲁国要灭亡了！让你们这些人做官，但你们竟不懂立家治国的道理。你给我坐下来，听我慢慢地讲给你听。"

敬姜稍微缓了口气，又对儿子说：即便国家贫困落后，但只要人民勤奋，并肯吃苦耐劳，也可以确保国家的长治久安。老百姓付出了劳动代价，就会思考问题；思考的结果，就会生出善良之心。但如果只贪图安逸，就会生出淫逸的念头；而有了淫逸之心，就会把善良忘记。忘记了善良，就会产生邪恶之心。富贵生活中的人不成材，就是由于贪图安逸；贫困生活中的人都响应正义，劳动就是根本。人民需要辛劳，从天子到普通老百姓，都应该勤劳而不能懈怠。

说了这番话之后，敬姜对君王该怎么做、各级各类官员该怎么做都作了说明。最后她总结说：自上以下，谁敢淫心舍力！怠惰是有罪的，这是自古以来的制度。之后，敬姜又联系到自己说："如今的我是孤身一个人，你又处于今天这样的位置，早晚处事最怕忘记了前辈留下的基业。如果懒惰懈怠，你怎么能够逃脱罪过呢？我希望你能早晚加强自我修养，一定不要忘记祖宗的嘱托。你刚才说，季康子见我这样他会不安的。你在国君跟前当官，我真害怕像穆伯那样绝后啊！"

敬姜用自己的行为影响儿子，鞭策儿子勤政。当儿子对母亲的行为表示不理解，甚至有些不满的时候，她又不厌其烦地加以说服教育，由此可见母亲教育儿子的殷殷之心。

□故事感悟

一般说来，劝诫子女勤勉是家长教育子女的一个重要内容。但是，敬姜认为圣王择贫瘠的土地而处民，就是为了"劳其民"，是有意识地给老百姓吃苦头，其实，她的这种观点也不对，不符合历史实际。不到万不得已，似乎不该提倡这种"瘠土劳民"的办法，因为即便这样去做了，也未必能使人培养出高尚的道德来。

□文苑拾萃

季康子问政

季康子问政于孔子，孔子答曰："政者，正也。子帅以正，孰敢不正？"

季康子问政于孔子，曰："如杀无道，以就有道，何如？"

孔子答曰："子为政，焉用杀？子欲善而民善矣。君子之德，风；小人之德，草。草上之风，必偃。"

季康子患盗，问于孔子。孔子曰："苟子之不欲，虽赏之不窃。"

译文：

季康子问孔子如何治理国家，孔子回答说："政就是正的意思。您本人带头走正路，那么还有谁敢不走正路呢？"

季康子又问孔子如何治理政事，说："如果杀掉无道的人来成全有道的人，怎么样？"

孔子说："您治理政事，哪里用得着杀戮的手段呢？您只要想行善，老百姓也会跟着行善。在位者的品德好比风，百姓的品德好比草，风吹到草上，草必定跟着倒。"（孔子反对杀人，主张"德政"。在上位的人只要善理政事，百姓就不会犯上作乱。这里讲的人治，是有仁德者的所为。那些暴虐的统治者滥行无道，必然会引起百姓的反对。）

季康子苦于盗贼太多，向孔求教。孔子答道："如果你自己不贪求财货，即使你奖励偷盗，他们也不会去偷。"

范滂母为子正义饯行

范滂（137—169），字孟博，汝南征羌（今河南漯河市召陵区青年镇砖桥村）人，最初任清诏使，迁光禄勋主事，后为汝南太守。范滂以抑制豪强，反对十常侍知名于时，太学生谓之"八顾"。延熹九年（166年），范滂与李膺、陈蕃、王畅等同时被捕，次年被释放还乡。灵帝建宁二年（169年）第二次党锢之祸爆发，范滂与李膺、杜密等百余人死于狱中。

范滂在母亲的教导下，从小立下志向，要以澄清天下为己任。当时，皇室衰微，宦官集团独揽大权，他的官职不高，但在与宦官的斗争中极有威望，与朝廷正直的大臣李膺、杜密等人同为中流砥柱。

建宁二年，宦官集团大肆搜捕"党人"，李膺、杜密等相继被捕入狱，李膺被拷打致死，而杜密则自杀了。范滂情知横祸将至，无论如何也逃不过这一劫难，于是，他毅然辞别母亲，到本县监狱自首。

汝南郡的督邮奉命到征羌（今河南郾城）捉拿范滂。督邮到了征羌的驿舍里，关上门抱着诏书伏在床上大哭。驿舍里的人听到哭声，弄不清是怎么回事。

消息传到范滂那里，范滂说："我知道督邮一定是因为不愿意抓我才哭的。"

范滂就亲自跑到县去投案。县令郭揖也是个正直的人，他见范滂来了，吓了一大跳。他说："天下这么大，哪儿不能去，您到这儿来干什么？"他打算交出官印，跟范滂一起逃走。

范滂感激地对郭揖说："不用了。我死了，朝廷也许能把抓"党人"的事停下来，我怎么能连累您？再说，我母亲已经老了，我逃跑了不是还要连累她吗？"

县令没办法，只好将范滂收进监狱，并派人通知范滂的母亲和他的儿子来与范滂见面。

范母带着孙儿随公差到监狱来探望范滂。范滂安慰母亲说："我死了后，还有弟弟会抚养您，您不要太伤心。"范母说："你能和李、杜（指李膺、杜密）两位一样留下好名声，我已经够满意了，你也用不着难过。"

像李膺、范滂这样被杀的人，当时共有一百多人。还有六七百在全国有声望的或者跟宦官有一点儿仇的人，都被宦官诬指为"党人"，遭到逮捕，不是被杀就是充军，或者是禁锢终身。

只有宦官侯览的对头张俭逃过了官府搜捕。他到处躲藏，许多人情愿冒着生命危险收留他。等到官府得到消息来抓他时，他又躲到别处去了。于是，凡是收留过张俭的人家都遭了祸，轻的下监狱，重的被杀，甚至整个郡县都遭了殃。

经过这两次"党锢之祸"，朝廷里比较耿直的官员遭到沉重打击，大小官职差不多都由宦官和他们的门徒包下了。

范滂被押解往京城那天，母亲又特意为他设酒饯行。母亲噙着眼泪说："吾欲使你为恶，则恶不可为，使你为善，则我不为恶。"送行的人们听到范母这番豪言壮语，感动得泣不成声。他们佩服范母深明大义，不愧是忠臣烈子的母亲。

范滂被害时，年仅33岁。

■故事感悟

有其母必有其子，正是有了范母的深明大义，才有了范滂的坚贞不屈。范滂和母亲为真理而勇于献身的精神炳耀千秋，永垂史册。

■史海撷英

东汉地方官制

东汉时期的地方官制与西汉相比，在郡、县两级基本相同，但郡的重要性和权力却较西汉下降不少。在州一级，更是有着根本性的区别。东汉时期，州已演变成为一级地方行政单位，凌驾于郡之上。至此，中国古代的地方行政区划由郡县制转变为州、郡、县三级制，一直延续到隋朝"废郡"为止。

东汉时期，洛阳以外的地区被划分为12个州，各遣刺史一人为州长官。另外又以京兆、左冯翊、右扶风、河东、河南、河内、弘农七郡为司隶校尉辖区，称为司隶部（汉代州也称部）。

司隶校尉属于京官，负责监察在京百官。东汉时期，退罢三公，几乎都由司隶校尉纠劾所致，所以司隶校尉又被称为"雄职"。皇帝召集朝会时，司隶校尉与御史中丞、尚书令三人有单独的席位，称"三独坐"。另外，他们还统领着一支由1200名奴隶组成的武装警察部队，司隶校尉的官名也由此而得。

诸州沿袭西汉汉成帝制度，设州牧一人，秩2000石。建武十八年（42年）改为刺史，秩600石。汉灵帝中平五年（188年），再改为州牧，秩2000

石。东汉时期，刺史都有固定的驻地和官署，纠劾所部太守县令不必像西汉制度那样三公按验，可以直接罢免之。改州牧后，兼领军政，位高权重，有点类似唐朝的节度使，但他们管辖地域的广阔又不是节度使所能比的。

与西汉相同的是，刺史也要周行郡国，刺探政情，年终回京复奏。不过，东汉的刺史可以不必亲自回京，而是派遣属吏向司徒府报送文书就行了。

■文苑拾萃

揽辔澄清

《后汉书·党锢传·范滂》："时冀州饥荒，盗贼群起，乃以滂为清诏使，案察之。滂登车揽辔，慨然有澄清天下之志。"

译文：

东汉时期，冀州发生饥荒，那些贪官污吏们照样过着糜烂的奢侈生活，对灾民不闻不问，饥民们纷纷起来造反。朝廷派范滂为清诏使前去考察情况。他接到命令感到责任重大，临行时他在马上手执缰绳对随从说："一定要查明真相，澄清天下。"

释义：

揽辔：拉住马缰。澄清：平治天下，表示刷新政治，澄清天下的抱负。也比喻人在负责一件工作之始，即立志要做好这件工作。

田母"却金为儿廉"

田稷子是战国时期齐国的丞相。田稷子的母亲对儿子的管教一向严格，即使田稷子做了大官，她都没有放松对他的约束。

有一次，田稷子的部下为了巴结他，送给田稷子百金。田稷子接受了人家的金子后，没有自己留下，而是拿去孝敬母亲。

母亲没有接过儿子双手奉上的金子，甚至连手都没动一动，而是端坐在那里，神情严肃地问儿子："这么贵重的东西，你是打哪儿得来的？"开始，儿子还支支吾吾，不说实话。

母亲看儿子情绪很反常，听儿子说话的语气也不对，已经猜到了问题的症结，于是继续追问儿子。

在母亲的严厉追问下，田稷子只好对母亲说了实话。

母亲听完了儿子的话，先是诧异，后来脸色变了，变得很难看。她厉声训斥儿子道："我听说，君子所为，是力求修身自好，廉洁律己，不能为了一己私利而不顾礼义廉耻。不义之财是不得进家门的。对于这样的要求，你不是不知道，更不应该只当做耳边风，甚至把它忘记了。你今天的所作所为不仅不是对我的孝顺，而且连忠诚都谈不上。那不义之财不是我想要的，不忠诚的儿子也不是我的儿子。"

田稷子受到母亲的严厉斥责之后，满怀羞愧。巴不得有个地缝钻进去才好。他无法面对母亲，慌忙退了出去。

田稷子想了好久，想起了很多往事。自己小的时候，见邻居家的孩子有弹弓玩，自己也想要，但母亲怕他因过于贪玩而影响读书，所以对他的要求没有理会。有一天，母亲无意间发现儿子在玩耍弹弓，问他的弹弓是从哪里来的。在母亲严厉的追问下，他只好承认是偷拿了邻居家小孩的。

母亲没有再说什么，而是扯起了儿子的小手，去了邻居家，把弹弓还给了人家，并一再向邻居孩子的母亲道歉，检讨自己对儿子管教不严。

回到家，母亲又把儿子教训了一番，让儿子一定要记住不能随便要别人的东西，哪怕是再贵重、自己再喜欢的东西也不能要。至于顺手牵羊，偷拿别人的东西，就更是要不得了。

母亲刚才训斥自己的话，使田稷子想起了自己童年曾犯过的错误，越发觉得自己辜负了母亲的期望。于是，他决定改过自新。他先把百金原封不动地退还给主人，然后自己背着一张破草席，去向齐王请罪。

齐王见田稷子这副样子，不知道究竟发生了什么事儿，心想我的爱卿是个很好、很忠诚的人，会犯什么过错？齐王问田稷子，田稷子把事情的经过向齐王汇报了一遍。

齐王听完之后，先是对田稷子母亲的高尚情操表示钦佩，并特意从府库里取出公金对田稷子的母亲给予奖励。同时，对于田稷子知错就改的行为也给予了充分肯定，并要他好自为之，继续辅佐自己，管理好国家。

■ 故事感悟

田稷子的母亲拒绝儿子接受不义之财，并要儿子从小做起、从点滴做起，这种行为为人们树立了"却金为儿廉"的好榜样。

□史海撷英

田氏代齐

齐桓公十四年（公元前672年），陈国公族内乱，公子完为了避祸逃到齐国。齐桓公想封公子完为卿，公子完不接受，只接受了工正之职。后来，陈完改姓为田氏，成为齐国田氏的始祖。

公元前545年，田完的四世孙田桓子与鲍氏、栾氏、高氏合力消灭了当国的庆氏。此后，田氏、鲍氏又灭掉了栾、高二氏。不久，田桓子便取得了齐国公族与国人的支持。齐景公时，公室腐败，田桓子之子田乞（即田僖子）便用大斗借出、小斗回收，使"齐之民归之如流水"，增加了户口与实力，是谓"公弃其民，而归于田氏"。

公元前489年，齐景公死，齐国公族国、高二氏立公子荼。田乞驱逐了国、高二氏，另立公子阳生，自立为相，从此田氏掌握了齐国的国政。

公元前481年，田乞之子田恒（田成子）杀齐简公与诸多公族，另立齐平公，进一步把持齐国政权，又以"修公行赏"争取民心。公元前391年，田成子四世孙田和废齐康公。公元前386年，田和将齐康公放逐到海上，自立为国君，同年为周安王册命为齐侯。

公元前379年，齐康公死，姜姓齐国绝祀。田氏仍以"齐"作为国号，史称"田齐"。

崔母教子做明官

郑善果（569—629），唐朝政治人物，郑州荥泽人。郑善果的父亲为北周将军郑诚，讨伐尉迟迥而死。郑善果被母亲悉心抚养，隋炀帝时，从游江都。后为唐朝的检校大理卿、民部尚书，历礼部、刑部二尚书、岐州刺史、江州刺史。

　　隋朝的郑善果是个三品官，郑家靠俸禄收入维持生活丰衣足食，可郑善果的母亲仍然亲自纺纱织布，常常到深夜。郑善果对此疑惑不解，心想自己家也不缺银子用，母亲为什么还要这样节俭呢？这样的疑问，他只能埋藏在心底，只是对母亲说："您老人家不要太辛苦，可要多多保重身体啊。"

　　母亲对儿子说："官俸是朝廷给的，应当将多余的财物周济姻亲，这是你父亲生前的愿望。而我不停机杼，终日纺织，也是为了警惕自己，不能因生活富裕而好逸恶劳。"听了母亲的话，郑善果陷入了沉思之中。

　　郑善果的母亲崔氏，13岁时嫁给郑诚为妻，后来生了儿子郑善果。郑善果的父亲身为武官，英勇善战，功劳卓著，被提拔为大将军，还被封为开封县公，后来，在一次平定叛逆的战斗中不幸牺牲。

父亲牺牲的时候，母亲崔氏才刚过20岁，郑善果也只有几岁。郑善果的外公见姑爷没了，女儿20岁就守寡，拉扯着年幼的善果过日子，颇为艰难。考虑到女儿生活的难处，郑善果的外公要女儿改嫁。崔氏理解父亲的苦衷，她在对父亲表示谢意的同时，拒绝了父亲让她改嫁的建议，她对父亲说："我的丈夫虽然死了，但所幸还有善果这个儿子，抛弃年幼的儿子是不够慈善的，背叛死去的丈夫更是不守礼节的行为。我宁愿割耳截发，也不敢遵从父命。"

崔氏对父亲表明了坚决不肯改嫁的决心。"割耳截发"一词所说的事始于唐朝，死了人或是为人请命的时候，情绪过于悲伤或激动不已的时候，把自己的耳朵割破，把自己的头发剪了。这样做的目的是发愿与明誓。

郑善果的外公见女儿说了如此决绝的话，就此作罢，不再坚持让女儿改嫁了。

不久，郑善果继承了父亲的爵位，14岁便出任沂州刺史、鲁郡太守，成为隋朝当时最年轻的地方官。

郑善果的母亲是一位博涉书史、明理识治的人。每当郑善果出堂审理公事时，崔氏总是坐在帐后的胡床上，仔细聆听着剖断情况。如果郑善果行事有偏，或是断案不公，崔氏便终日不食，蒙着被子哭泣。她对儿子说："我不是恼怒你年少幼稚，而是愧对郑家门户啊！你的先父为官清廉，从来不假公济私，后来以身殉国。我只盼望你能继承父志，立身行事，公正无私。我是一个妇人，有慈无威，致使你不知礼教，不守父训，长此以往，你又怎能担负起忠臣的重任，治理好公务？这样，家风败坏，丢官失爵，我死之日，哪里还有面目去见你父亲呢？"

听了母亲的这番话，郑善果先是很激动，为自己有这样的父亲感到光荣，同时，也为母亲对自己的担心深表惭愧，深深自责。从此，郑善果认真对待工作，处理公务严明公正，被人们称道。

郑善果想到了这些，看着在织布机前聚精会神织布的母亲，心里生出对母亲的敬意。他对母亲说："娘，您老人家早些歇着啊！"，便回身来到书房，认真审读起卷宗来，这是明天要审理的一桩案子。在母亲崔氏的经常督促下，郑善果谨遵母训，勤于职守，克己奉公，被评定为当时最清廉的地方官。

■故事感悟

崔母明事理，分善恶，在教育儿子方面尽心尽责。正是因为崔母的悉心教导，才有了一位为民做主、克己奉公的朝廷命官。

■史海撷英

三省六部制

三省六部制为我国古代所设立的一套组织严密的中央官制。三省分别指中书省、门下省、尚书省，六部则指尚书省下属的吏部、户部、礼部、兵部、刑部、工部。每部又各辖四司，因而共为24司。

在三省中，尚书省在东汉（当时称尚书台）时期形成，中书省和门下省则是在三国时期才形成。在后期的发展过程中，其组织形式和权力也都各有演变。

隋朝时期，隋文帝杨坚综合汉代的魏官制创立了三省六部制，其主要职责是掌管中央政令及政策的制定、审核与贯彻执行等。后来因避杨忠讳，改中书省为内史省。

唐朝时期，基本沿用了隋朝这一制度，并对其有所补充发展。因避李世民讳，又改民部为户部。

宋朝时承唐代制度，但三省六部的主要职权都已转移到其他的机构，三省六部已有名无实。

辽代设官同宋制。金、元、明都只设了一省六部。其中，金为尚书省，元、明为中书省。1380年，明朝政府罢中书省，将中书省的权利分别归于六部。自此，六部便取代了三省六部制。

三省六部制的主要特点在于分散了丞相及中央机构的权力，将相权"一分为三"，使之互相牵制；同时，又将尚书省的权力分为六部，限制了地方割据势力的产生与发展，同时又推动了部门牵制与机构运转，从而使封建皇权得到加强与巩固。

陶母训子奉公守廉

陶侃（259—334），字士行。江西鄱阳人，晋朝名将。出身寒门的陶侃自讨平张昌叛乱开始，一直以战功而不断升迁，最终到达太尉之位，并掌握重兵，都督八州军事并任荆江两州刺史，这在士族垄断高位的东晋简直是个例外。陶侃不仅对东晋的建立与维持在军事上作出贡献，本身亦甚有治迹，治下荆州太平安定，路不拾遗，故而深受人民爱戴。

西晋时期，庐江有个叫陶侃的人，他通过好朋友范逵的推荐，谋到一个负责监管县衙养鱼池的差使。

陶侃新上任，穿戴整齐，没事就在鱼池边绕来绕去，看着手下人喂鱼捕鱼，觉得很新鲜。这也难怪，陶侃初来乍到，对这里的一切都感到新鲜是很自然的事。

有一天，县衙来了客人，县官通知陶侃马上捕几条鱼送去。陶侃不敢怠慢，立刻命令手下人去捕鱼。鱼捕上来，火速送到了县衙。

陶侃问送鱼人，老爷厨下师傅的厨艺如何？手下人回答说："做鱼的手艺，在这浔阳城里很难再找出第二个来。"

听手下人这样说，陶侃点了点头，似乎心里有数了。

也许是手下人有意巴结陶侃，那天晚上，月亮刚刚从东山头爬上来，陶侃被手下人请到看鱼池的小房子里，请陶侃小酌。

不大的餐桌上摆满了鱼肴，起码有五六样，香味直往陶侃的鼻子里钻。再看那些菜肴，清蒸的本色不改，简直活灵活现；红烧的古色古香，酷似古董宝贝；干炸的金黄金黄，不免使人联想到富贵与富贵伴生而来的美好。

陶侃还没上桌，已经垂涎欲滴了。

手下人见陶侃站着不动，一双眼睛已经定在了菜上，微微笑道：

"您老人家放心，近水楼台，咱们吃的这一点点儿根本算不得什么，咱们看紧点儿，少浪费点儿，啥都有了。"

听手下人这样说，陶侃心里明白，似乎也觉得心安理得，于是不再客气，与手下人对饮起来。

这顿鱼宴，是陶侃有生以来吃的味道最美也是最香的鱼肴，给他留下了难以忘怀的印象。陶侃明白，这菜就是这个手下人自己做的。

过后，在回味鱼肴美味的同时，陶侃想到了自己的母亲，心里很不好受。母亲湛氏纺纱织布养家糊口供自己读书，希望自己能有出头的一天。想到这里，陶侃的眼里溢满了泪水。手下人听说了陶侃的身世之后，安慰他说："往后就好了，你是高官得做，骏马任骑。"

"这是怎么说？"陶侃问手下人。

"这还用问吗？你的朋友不是范逵吗？范逵与咱们老爷的上司张夔关系好着哩！来日方长，你发迹的时候还在后头呢！"

从此，陶侃和这个手下人话越说越投机，越处越近，被陶侃视为知心。手下人知道陶侃那天流眼泪是出于孝心，就撺掇陶侃私自捕捞了几条鱼，做了一道鲜美的菜，又附上一封信，叫手下人特意给母亲送去了。

湛母问明情况后，心里很不高兴。她将那美味的鱼重新包好，给儿子写了一封回信，交给来人退了回去。

湛母在信里责备陶侃说："尔为吏，以官物遗我，非唯不能益吾，乃以增吾忧矣。"意思是说，你是国家的官吏，应该公私分明，拿官家的东西孝敬我，对我没有丝毫好处，反而增添了我的忧虑。你应该自磨自励，以免辜负做母亲的一片苦心啊。

手下人见陶侃的母亲湛氏这样，心想，完了，陶侃的前程就断送在这个穷婆子手里。

陶侃接到母亲的信和被退回来的鱼，心里很不是滋味。不过，当他读完了母亲的信之后，开始对自己的行为懊悔不已，也开始对那个"知心"的手下人冷眼相向了。

其实，话说回来，范逵所以看重陶侃，缘故还是在陶侃的母亲湛氏身上。

一天，陶侃的朋友范逵从鄱阳来到他家，湛母手中拮据，无钱招待范逵，便偷偷剪下发辫去换钱买酒，又把床上的新编草席斫碎，以喂饱范逵的马。

范逵本是一位孝廉，对陶侃母亲的行为感动不已。他叹息着说："有这么贤能的母亲，儿子肯定错不了。"当他返回鄱阳路过庐江时，便向太守张夔推荐陶侃，让陶侃在浔阳县当上了县吏。陶侃监管鱼池的差使就是这么来的。

母亲湛氏给儿子陶侃的信，使陶侃深受教育。以后的几十年里，陶侃先后担任了广州刺史以及征西大将军等重要官职，为西晋时期政绩昭然的一代名臣。他为政缜密，勤于职守，公私有别，不沾官家财物，又常劝勉手下人不要醉酒赌博，要珍惜每一寸光阴。

■故事感悟

陶侃如果没有公私分明、坚持"近水楼台不吃鱼",没有湛氏这样的母亲,前程且不说,但成为贪官的可能确是存在的。正是有了湛氏,才又多了一个清廉的好官。

■史海撷英

陶侃投身戎旅,建立军功

西晋末年,秦、雍一带的人民因遭受天灾和战乱,大量流徙到梁、益地区。永宁元年(301年),流民因不堪当地官吏的欺压,聚众起义,西晋朝廷忙调集荆州部队到益州进行镇压。然而,被调发的荆州部队都不愿远征,但又受当地官吏的驱迫,于是便转而屯聚起事。太安二年(303年),义阳蛮张昌又在江夏聚众起义。很快,张昌就攻下江夏郡,旬月之间起义军已达到3万。

张昌势力的发展引起了西晋朝廷的不安。朝廷随即派南蛮校尉、荆州刺史刘弘率领军队前去镇压。刘弘上任后,便任命陶侃为南蛮长史,并命他为先锋开赴襄阳,讨伐张昌。

能得到刘弘的重用,陶侃十分高兴,因此,陶侃率军进驻襄阳,可刘弘军却在宛被张昌打败。张昌转攻襄阳不下,便沿汉水进入长江。一时间,荆、江、扬等州大部分地区为张昌所攻占。刘弘又命陶侃进攻张昌,陶侃连战皆捷,最终将这次起义镇压下去。

在这个过程中,陶侃的军事才能令刘弘十分感叹。他对陶侃说:"吾昔为羊公参军,谓吾其后当居身处。今相观察,必继老夫矣。"羊公即羊祜。晋吴对峙,陶侃曾镇守荆州近20年,为晋立下了大功。刘弘自认为年老难继羊祜功业,所以希望陶侃在荆州能够有所作为。后来,陶侃果然当上了荆州刺史。

陶侃轶事

陶侃在广州时，没事时总是早晨把白砖运到书房外边，傍晚又将砖搬回书房。别人问他为什么这样做，他回答说："我正在致力于收复中原失地，过分悠闲安逸，唯恐不能承担大事，所以才使自己辛劳罢了。"

陶侃生性聪慧敏捷，做人谨慎，为官勤恳，整天严肃端坐。军中府中众多的事情他都经常检查管理，没有遗漏，也不曾有片刻清闲。他经常对人说："大禹是圣人，还十分珍惜时间；至于普通人则更应该珍惜分分秒秒的时间，怎么能够游乐纵酒？活着的时候对人没有益处，死了也不被后人记起，这是自己毁灭自己啊！"

有一次，陶侃外出，看见一个人手拿一把未熟的稻谷，陶侃就问这人："你拿它做什么？"那人回答："在路上看见的，就随意拿来罢了。"陶侃大怒，说："你既不种田，又拿别人的稻子戏耍！"陶侃抓住这个人，鞭打了他一顿。因此，在他的治理下，百姓都勤于农事，家中充足。

他负责造船时，陶侃命人将用剩下的木屑和竹头登记后收藏起来，大家都不明白这样做的原因。后来大年初一聚会时，地面积雪，天空刚放晴，厅堂前积雪，地面还潮湿，陶侃便用木屑铺散地面。等到桓温伐蜀时，陶侃又用保存的竹头作钉装船。陶侃综合料理事物总是极其细密。

少年韩康伯替母分忧

韩康伯（生卒年不详），名伯，字康伯，颍川长社（今河南长葛西）人，东晋玄学思想家。韩康伯自幼聪明，家境贫寒，史称康伯"清和有思理，留心文艺"，舅舅殷浩称他"能自标置，居然是出群之器"。韩康伯历官豫章太守、吏部尚书、领军将军等。

晋朝时的韩康伯，小时候家里很穷，冬天连棉衣都穿不上。小康伯体谅母亲的难处，从不向母亲要吃要穿，时常说些笑话，去排除母亲的忧虑。

这年冬天到了，老天爷好像故意和穷人作对，天气特别冷。结冰了，飞雪了，小康伯还是穿着单衣单裤。母亲看着孩子冷得浑身发抖的样子，心里十分难受，求亲告友，东挪西借凑了一点钱，回家一算仅够做一件棉袄的，棉裤还是没有着落。

母亲赶忙到市上买了块最便宜的布，回到家里就忙着给小康伯裁棉袄，边裁边安慰儿子说："好孩子，等妈给你做好了棉袄，就再厚着脸皮去借点钱，给你做棉裤。"说着说着眼泪便流了出来。

这时小康伯正帮着妈妈拿熨斗熨布料，看着妈妈哭了，心里特别难受，怎么才能去安慰妈妈呢？看着被炭火烘热了的熨斗，他握着熨斗把，好像有重大发现似地说："妈妈，不必做棉裤了，我穿上棉袄，全身上下都会暖和的。"

母亲停止了哭泣，瞪大了双眼，疑惑不解地问道："傻孩子，光穿棉袄，不穿棉裤，怎么能全身都暖和呢？"

韩康伯指着熨斗调皮地说："妈妈，您看，这炭火在熨斗里，连熨斗把都被烘热了。根据这个道理，我穿上棉袄，下身也会变暖和的。"

母亲被小康伯稚气的话逗乐了，知道这是他在说笑话安慰自己，哪有光穿棉袄不穿棉裤，下半身也会变暖的道理呢？

▢故事感悟

有这样懂事的孩子，自己就是再苦、再累、再难也值得。母爱和对孩子的热切期盼给了她多么大的生活力量和勇气啊！

▢史海撷英

十三经的发展和演变

十三经是由汉朝的五经逐渐发展而来的，最终形成于南宋时期。

汉朝时，以《易》《诗》《书》《礼》《春秋》为五经，立于学官。唐朝时，《春秋》又被分为三传，即《左传》《公羊传》《谷梁传》；《礼经》被分为三礼，即《周礼》《仪礼》《礼记》。这六部书再加上《易》《书》《诗》，并称为九经，也立于学官，用于开科取士。

唐文宗开成年间，内容除了九经之外，又增加了《论语》《尔雅》《孝经》三部。五代十国时，后蜀国主孟昶刻十一经，收入到《孟子》中，排除了《孝经》和《尔雅》。

南宋时期,《孟子》正式成为"经",与《论语》《尔雅》《孝经》一起,加上原来的九经,构成了十三经。

□文苑拾萃

《题赵善长为李原复所画山水》节选

(元)王逢

齐东赵原吴下客,辞荣养母韩康伯。
酒狂忽忆雍熙时,画法荆关海岳窄。
魁峰杰岭大将颜,秀厓峭壁仙卿班。
云岚潝勃嵩华表,石栈荦确崏函间。
翚飞楼阁深翠隐,兽群远迹人烟近。
一瀑天垂雪练绅,万松花落黄金粉。
森萝翳槲杳莫尽,若闻行歌采芝菌。
旁观众攫攘,妙洒独心苦。
神工精会合,鬼物毛竦竖。
娃爨扁舟露沙溆,磨轮新坊俯场圃。
雌伏鸡窠悬在梁,磬折田翁饲其牯。
土膏不假酥雨润,帘脚似逐东风顺。
贡联包匦旅裹粮,驴驱马驮力角奋。
怅然阁笔泪满腮,龙虎虚卧溧阳台。
累朝德泽百年运,短褐老去江南哀。
我诗题罢春泼眼,又见他乡鸿雁回。

崔母教子有方子成器

崔玄暐（？—706），唐代博陵郡安平县人，本名崔晔，一说崔毕，字玄暐，因避讳武则天父，以字行。崔玄暐与张柬之、敬晖等人乘武则天重病发动神龙政变，迎立唐中宗，封博陵郡王，后遭韦皇后流放而死。

崔玄暐兄弟为官清正，与他们的母亲卢氏明辨是非、教子有方有很大关系。母亲曾告诫崔玄暐说："我曾听姨兄辛玄驭说，儿子在外做官，如果有人来说他穷得过不下去，这是好消息；如果说他财产丰足，衣锦马肥，这就是坏消息。我很重视这句话，觉得很有道理。我经常看到亲戚家在外做官的子弟送给父母许多财物，而父母只知道高兴，却不问这些财物是怎样来的。如果这是俸禄的余额，当然是好事，但如果是非正当收入，那又与盗贼有什么区别？就算是没有大罪过，自己内心能不感到惭愧吗？你现在享受国家的俸禄已很荣幸，如果不能做到忠正清廉，那靠什么立身于天地之间呢？所以你应当修身洁己，不要辜负了我这番心意。"

崔玄暐牢记母亲的教诲，为官清正廉洁，谦虚谨慎。长安元年（701年），他担任负责选拔、考核官吏的天官侍郎时，耿直清正，拒绝请托，颇受一些执政者忌恨，于是被调任文昌左丞。过了一个多月，武则天召见他说："自你改任文昌左丞以来，选司（即吏部，当时称天官）大有罪过，听说一些令史甚至设宴庆贺你调职，这说明他们想趁此机会大干贪赃舞弊的坏事，今要卿复旧任。"于是又再次任命他为天官侍郎，并赐给他各色彩帛70匹。

武则天时，被酷吏来俊臣、周兴等人罗织罪名，肆意诬陷，遭抄家籍没厄运的人多达数百家。长安四年（704年），崔玄暐任凤阁侍郎知政事（即宰相）时，多次向武则天陈述他们的冤枉。武则天有所感悟，为了收揽人心，遂下令给他们平反昭雪。

当时，武则天的内宠张昌宗、张易之兄弟恃宠横行，朝臣或依附他们，或敢怒而不敢言。御史中丞宋璟不畏权势，弹劾张氏兄弟图谋不轨。崔玄暐也多次揭露他们的罪行。武则天迫于朝臣的舆论，下令将二张交司法机构审理，但内心并不想惩办二张，只是想做做样子了事。崔玄暐当时任司刑少卿，他不迎合武则天的意图，也不怕日后报复，将二张斩首。

□故事感悟

由于母亲的谆谆教诲，崔玄暐不仅为官清正，而且对于那些幼年丧父而又贫穷的亲族子弟，也很关心、爱护，往往亲自抚养、教育他们，因而深为当时人所赞誉。

□史海撷英

韦后之乱

弘道元年（683年）唐中宗即位，次年，立韦后为皇后。同年，中宗被武则天废黜，迁于房州（今湖北房县），韦氏随行。

神龙元年（705年），唐中宗又坐上了皇帝位置。每次中宗上朝时，韦后都要坐在殿上的帘子后面闻听政事。中宗复位后不久，就任用曾为武则天掌管文书的上官婉儿主持撰述诏令，并令武三思为宰相。就这样，朝中便形成了一个以韦氏为首的武、韦专政集团。

当时，太子李重俊不是韦氏所生，所以韦后很想废掉他，安乐公主与她的丈夫武崇训（武三思子）也时常侮辱李重俊。李重俊无法忍耐，便于神龙三年七月发动部分羽林军，杀死了武三思和武崇训，并谋诛韦后和安乐公主。可是暴动中羽林军突然倒戈，导致政变失败，李重俊也被杀死了。武、韦集团权势依旧不减。

此时，内地水旱灾情日益严重，民不聊生，唐中宗每日却只知道与韦后淫乐，不理朝政，还处死了上书告发韦氏乱政的人。景龙四年（710年），韦氏害怕自己的丑行暴露，安乐公主也想让母亲韦氏临朝，自己为皇太女，便合谋毒死了中宗。

唐中宗死后，韦后果然临朝摄政，并立李重茂为帝，史称唐少帝。不久后，韦后又将南北军队的统帅权交给韦氏子弟，并也想效法武则天，自立为帝。临淄王李隆基（后来的唐玄宗）与太平公主（则天之女）发动兵变，杀死韦后、安乐公主、上官婉儿及诸韦子弟，迫少帝让位，立相王李旦（李隆基父）为帝，即为唐睿宗。韦后之乱至此结束。

■文苑拾萃

《臣轨》

《臣轨》是唐代女皇武则天所撰。唐上元二年（675年）三月，武则天命文学之士著作郎元万顷、左史刘祎之等人修撰此书，作为臣僚借鉴之书。

该书共两卷，十篇，分国体、至忠、守道、公正、匡谏、诚信、慎密、廉洁、良将、利人十章。轨，即规矩、标准的意思。此书以儒家传统道德观念为基础，论述为臣者正心、诚意、爱国、忠君之道，作为臣僚的座右铭与士人贡举习业的读本，永远维持封建统治地位。可惜原书久佚，现只有《粤雅堂丛书》本，据日本《佚存丛书》本刊行。

当时，《臣轨》与唐太宗所著的《帝范》一直并行。虽然二者出自唐代两位皇帝笔下，但一个是约束臣子，一个是规范皇帝，其中所反映的气度与胸襟也不同。在文字的功力上，《帝范》也要胜《臣轨》一筹。

蔡襄替母履行诺言

蔡襄（1012-1067），字君谟，号莆阳居士，谥号忠惠，北宋兴化仙游（今中国福建省仙游县）人，北宋时期的政治家、书法家和茶学专家，著有《茶录》《荔枝谱》等书。

宋朝有一位著名的大臣叫蔡襄，他为人忠厚正直，讲究信义，而且书法造诣也相当精深，后人论及宋代书法，素有"苏、黄、米、蔡"四大书家的说法，其中的"蔡"指的就是蔡襄。

蔡襄的人品和才华之所以能为后人称道，除了他个人的努力外，也与他从小受到良好的家庭教育有关。尤其是蔡襄的母亲，一直很严格地教导蔡襄遵守古圣先贤为人处世的道理，为他以后的发展打下了坚实的基础。

蔡襄的母亲还怀着蔡襄的时候，一次，经过洛阳江的渡口，坐船到对岸去。那时正是夏天，风刮得很盛。刚渡江时江水比较平稳，船行到中途时，忽然一阵狂风吹起，顿时江涛大作，水花四溅，船身晃动得非常厉害。

船上的乡亲们脸色大变，由于大家过分的惊慌使得船只更加摇晃了。蔡襄的母亲怀有身孕，内心虽然害怕，但还是显得很镇定。她安慰同船的乡亲们，不要沮丧，不可慌了神没有主见，越是紧急关头，越要强作精神，挺过难关。

突然，阴霾密布的天空中划过一道闪电，船上的人都听到空中发出一阵洪大的声音："不要伤害蔡学士，不要伤害蔡学士。"这声音持续了三遍。大家正觉得不可思议时，风浪立刻就止住了。

这时大家慢慢回过神来，你瞧瞧我，我瞧瞧你，那眼神似乎都在问：到底谁是蔡学士啊？他可是我们的救命恩人呢！船家挨个地问，大家都不姓蔡。问到了蔡襄的母亲，大家才知道事情的真相，啧啧称奇。

于是蔡母就当着乡亲们的面发愿说道："我的儿子以后果真金榜题名做了学士，一定让他在此地筑一座桥，帮助渡江的人。"

后来，蔡母顺利生下蔡襄。蔡襄天资聪颖，又勤奋上进，长大了去参加考试，果然考中了状元。朝廷给他封了官职，让他做家乡泉州的地方长官。蔡母在儿子飞黄腾达以后，虽然时隔多年，却没有忘记当初对众人许下的愿，于是就催促蔡襄在公事之余加紧修造桥梁，以便早日造福百姓。

但是，洛阳江濒临大海，水深莫测，而且一月之中几乎天天涨潮。潮来时，水雾遮天，波涛滚滚，如万马奔腾之势，很难施工。有时刚刚修好了一部分基座，却被突如其来的大潮给冲垮了，而同时被大水淹死的工人也不少。蔡襄看着被大潮击坍的工程和疲惫不堪的工人们，心生怜悯，下令先停工。

尽管如此，蔡襄还是念念不忘想着修桥利民，因此，他亲自请来了远近闻名的水利专家，带着自己的随从们来到江边勘察地形。

在认真仔细地查看了地形，分析了风向与潮汐间的关系以后，那些专家们都摇着头，劝蔡襄取消这项工程，因为海边潮汐的到来是一天也不停止。有时候情况稍微好一些，也只能维持一天的歇潮期，到第三天大潮就如期而至。要想建桥，先要夯基，但就算集中了最优秀的建筑师，招募了最能干的工人，也需要七天的时间才能将基座夯扎实。

蔡襄听了专家的话沉默不语。回到家中，蔡母见他分外忧愁，问他什么原因。蔡襄如实以告。蔡母对他说："我们的先祖有向海神祷告的风俗，你可以拟一份疏文，择一个好的时日，去海边进香焚疏，虔诚地把事情的原委告诉海神，让他体恤你，停止潮汐一段时间，让你有足够的时间启动工程。"

蔡襄听了母亲的话就照着去做了，果然，因为蔡襄替母亲完愿的心思非常殷切，海神被他至诚的真心和淳厚的孝心打动了，便停止涨潮达八日之久，这在以前是很难遇到的。于是，蔡襄命令工人在这八天里赶紧动工，先把基梁打好，然后，修建余下的工程就快多了。不出一月桥就落成了，百姓欢庆，对他感恩戴德，蔡襄为民造福的美名也被广泛流传。

▢故事感悟

蔡襄能够不忘母亲的心愿，时时以母愿为己愿，真正做到了孝顺；他又能替母亲履行当年许下的诺言，这又做到了信。在自然环境很恶劣的情形下，蔡襄克服困难，排除险阻，修好桥梁，造福百姓，千古史册留芳名。

▢史海撷英

蔡襄与贡茶

蔡襄是北宋的名臣，他不仅是一位出色的政治家、文学家、书法家，还是一位茶学家。他为官期间，清正爱民，积极发展当地经济，为福建茶业及茶文化的发展作出了一定贡献。

种茶最早的文字记载见于唐代孙樵的《送茶蕉刑部书》。书中记载："晚甘侯"（唐代名茶中的一种）产于"建阳碧水丹山之乡，系月涧云龛之品"。当时，建溪流域所产的茶都统称为"建茶""建茗"。

南唐后主李煜曾派官员专程到建安设立"龙焙"，监制"建茶进御"，指定专制"龙茶"。到了宋代，丁谓任福建转运使，监制御茶时，尤其重视御茶采摘制作的"早、快、新"，如"社前十日即采其芽，日数千工繁而造之，逼社即入贡"。由于采制甚精，在丁谓手中，北苑茶便已誉满京华，号为珍品。到了宋庆历年间（1041—1048年），蔡襄创制了小龙团茶，被朝廷视为珍品。《茗溪渔隐丛话》也说，北苑茶大小龙团"起于丁谓，而成于蔡君谟"。的确，蔡襄在任福建转运使时，将北苑的茶业发展到了新的高度。他从改造北苑茶品质花色入手，求质求形。在外形上，改大团茶为小团茶；在品质上，采用鲜嫩茶芽做原料，并改进制作工艺。为此，欧阳修在《归田录》卷二有云："茶之品莫贵于龙凤，谓之团茶。凡八饼重一斤。庆历中蔡君谟为福建转运使，始造小片龙茶以进，其品绝精，谓之小团。凡二十饼重一斤，其价值金二两。"

■ 文苑拾萃

《荔枝谱》

《荔枝谱》为宋代蔡襄所撰，共七篇。其一原本始。其二标尤异，其三志贾鬻，其四明服食，其五慎护养，其六时法制，其七别种类。《荔枝谱》曾经为手写刻之，现在尚有石本传于世，也载在其所著的《端明集》中。

蔡襄生于闽中，又多年在闽中做官，因此，他对于福建地方的特产荔枝非常熟悉。《荔枝谱》一书也是他在嘉祐四年（1059年）担任泉州知州时所作。

《荔枝谱》的起始介绍了荔枝的产地和历史，"荔枝之于天下，唯闽、粤、南粤、巴蜀有之。汉初，南粤王尉佗以之备方物，于是始通中国"。同时蔡襄还申明，自己作《荔枝谱》是有感于中原所见的荔枝仅是岭南、巴蜀所产，又均非佳品，而不知福建的优质荔枝，因此特意收集有关福建荔枝的资料，撰写而成。他说："闽中唯四郡（福州、兴化、泉州、漳州）有之"，"列品虽高，而寂寥无纪，将尤异之物，昔所未有乎，盖亦有之而未始遇乎人也。予家莆阳，再临泉、福二郡，十年往还，道由乡国，每得其尤者，命工写生，萃集既多，因而题目，以为倡始"。因此，书中所记载的荔枝主要是福建四郡所产的，并借以向人们介绍了有关荔枝的一些常识。

董母劝子反戈从正

董昌龄（生卒年不详），唐蔡州（今河南汝南）人，少年丧父，在母亲杨氏的养育下长大成人。

董昌龄曾先后在淮西节度使吴少诚、吴少阳手下任职。吴少阳的儿子吴元济任节度使时，任命他为吴房（今河南遂平）县令。当时，淮西镇长期实行割据，吴元济更是公然对抗朝廷。杨氏认为吴元济对抗朝廷必败无疑，于是悄悄对儿子董昌龄说："逆顺之理，成败可知。"在董昌龄还没有打定主意时，吴元济又派他去郾城任县令。杨氏告诫董昌龄说："'逆党欺天，无所不福'，你应尽早投降朝廷，不要顾虑过去的事情，不要挂念老母亲，只要你能成为朝廷的忠臣，我就是死了也不悔恨啊！"

朝廷派大将李光颜率军进攻淮西，逼近郾城，并包围清陵城（今河南漯河西南），断绝了郾城守军的退路，郾城守将邓怀金十分恐惧，于是就与担任县令的董昌龄商量对策。董昌龄由于一直受到母亲杨氏的劝诫，早已有意脱离淮西，归顺朝廷。因此他力劝邓怀金向李光颜表示归顺的诚意，并向李光颜献计说："城中之人的父母妻儿都在蔡州做人质，如果不战而降，全家老小都会被屠杀。所以请官军先来攻城，到时，我们则举烽火求援。当淮西救兵将要到郾城时，如官军迎击，必能将其击败，这时，我们再开城出降，家属就不至于被杀了。"李光颜接受了这一建议。首先佯攻郾城，当淮西派兵救援时，李光颜调动主力一举击溃了淮西援兵。于是董昌龄捧着大印，率领县衙属吏，列队站在城门外，邓怀金与下属将领穿白衣，戴白帽，倒拿武器，列队站在城门内，向李光颜投降。李光颜遂率军入城受降。

唐宪宗听说这件事后，很高兴。立即召董昌龄进京觐见，并授以颜城县令兼监察御史的官职。董昌龄一边哭一边向皇帝谢恩，并说我今日能脱离叛逆，归顺朝廷，都是由于老母亲平日的教诲。唐宪宗听后感叹良久。

董昌龄归顺朝廷后，吴元济囚禁了杨氏，曾几次要杀她。朝廷平定淮西后，杨氏才得以幸免。元和十五年（820年），陈许节度使李逊向皇帝上奏，陈述了杨氏的深明大义，于是皇帝下令册封杨氏为北平郡太君。

■故事感悟

由于母亲的劝诫，董昌龄明白顺逆之礼，最终反戈一击归顺朝廷。杨氏深明大义，是有思想、有见识的母亲。

■史海撷英

泾师之变

建中二年（781年）正月，河北成德镇节度使李宝臣因病去逝。按照以往的规矩，藩镇节度使死后，其职位和土地都会传给子孙，因此李宝臣的儿子李惟岳上表唐德宗，请求继承父亲的职位。

然而，唐德宗即位之初就打算革除藩镇父子相传的弊端了，因此，在收到李惟岳的上表后，他坚决拒绝了李惟岳的要求。这样，魏博节度使田悦、淄青节度使李正己、山南节度使梁崇义等人，都为了各自的利益，与李惟岳密谋联手，准备以武力抗拒朝廷。

唐德宗闻讯后，征调万余兵力戍守关东，准备以武力削藩。在开始阶段，德宗取得了很大的胜利：淄青李正己病死后，其子李纳被打得大败；李惟岳被其部将王武俊杀死；只有田悦还在魏州负隅顽抗。

然而，在削藩过程中，唐德宗是利用藩镇打藩镇，结果导致参与朝廷削藩战役的幽州节度使朱滔等人的不满，形势很快发生了逆转。建中三年（782年）底，卢龙节度使朱滔自称为冀王，成德王武俊称赵王，淄青李纳称齐王，魏博田悦称魏王，"四镇"以朱滔为盟主，开始联合对抗朝廷。

不久，战火从河北很快蔓延到了河南等地。建中四年（783年）十月，唐德宗准备调往淮西前线平叛的泾原兵马，结果在途经长安时，因为没有得到赏赐，加上供应的饭菜较差，士兵发生了哗变，从而导致了历史上著名的"泾师之变"。

无奈之下，唐德宗仓皇逃往奉天（今陕西省乾县），成为唐朝历史上继唐玄宗、唐代宗之后又一位出京避乱的皇帝。随后，泾原兵马拥立朱滔的兄长。曾担任泾原军统帅的朱泚为大秦（后改为汉）帝，年号应天。朱泚进入奉天后，其前线李晟、朔方节度使李怀光等人也从河北撤军勤王，削藩之战至此终止。

■文苑拾萃

《打金枝》

《打金枝》是一出著名的晋剧。

故事讲的是唐代宗将自己的女儿升平公主嫁给汾阳王郭子仪的六儿子

郭暧为妻。汾阳王郭子仪花甲寿辰，儿子、女婿等都纷纷前来拜寿，只有升平公主不肯来，引起众人议论。郭暧很生气，回家后动手打了公主。公主受了委屈，就跑回皇宫向父亲代宗哭诉，并逼求代宗治罪郭暧。郭子仪闻讯后，亲自绑了自己的儿子上殿向代宗请罪。唐代宗是个明事理、顾大局的人，不仅没有责怪郭子仪与郭暧，反而还加封了郭暧。就这样，郭暧和升平公主夫妻俩消除前嫌，和好如初。

李太后严教扶少帝

明神宗朱翊钧（1563—1620），明朝第十三代皇帝，年号万历，是明穆宗朱载垕的第三子。隆庆六年（1572年），穆宗驾崩，10岁的朱翊钧登基，是为明神宗。神宗在位48年，谥号为"范天合道哲肃敦简光文章武安仁止孝显皇帝"。

教育子女历来为治家之大事，且为至难之事，平民百姓家尚且如此，更不用说帝王之家了。帝王之家中，尤以少年皇帝最难管教。试想，身为皇帝，尽管年少，也是无上至尊，一言一行都是圣旨圣意，即便是生母太后，名位也要由小皇帝尊封，母以子贵乃是封建伦理纲常之规。正因为如此，在中国历史上，皇帝年幼登极，母后临朝称治的居多，真正以严慈约束管教小皇帝的则并不多见。明神宗万历皇帝的母亲李太后便是那为数不多的母后中管束儿子最为突出的一个。

隆庆六年（1572年）六月，明神宗即皇帝位时，年10岁。这时明朝的国势已经衰败不堪，种种弊端日盛一日，于是李太后担起了内外之事。在宫内，她严格管教神宗；在朝中，她委任大学士张居正实行改革，居然使明朝一度得以恢复元气，暂时延缓了衰亡。

明神宗10岁登基，虽然做了皇帝，仍难免有些贪玩。每当他贪玩不好好读书时，李太后就罚他长跪。明朝皇帝听儒臣讲经史称做"经筵"或"讲筵"，明神宗每次赴"讲筵"听儒臣们讲课后，回到后宫，李太后就让他装做讲臣，自己作为听讲的人，行礼入座，把听过的东西再照讲一遍，以考查他是否认真听、记了。正因为李太后非常重视，明神宗也便把"经筵"当做大事。有一年夏天赴"经筵"时，一个侍从宦官偷偷扇了几下扇子，被明神宗看到了，回到宫中，他把那个宦官召去责罚了一顿，说道："诸先生在旁，见尔摇扇，以为我无家法也。尔不畏诸先生耶？"

那时上早朝，五更天就要起床。神宗少年贪睡，哪里起得来？李太后就亲自去唤他："帝起，今日早朝。"让两名宦官一左一右将神宗从床上扶起来，架住了不让再躺下，马上取水给他洗脸，然后给他穿好衣袍，架到辇车上，上朝而去。

万历六年（1578年），明神宗16岁了，李太后看他已长大成人，为他举行过大婚之后，就要回居自己的慈宁宫去，临行前叮嘱内阁首辅张居正："吾不能视皇帝朝夕，先生亲受先帝付托，其朝夕纳诲，终先帝凭几之谊。"

李太后虽然回到慈宁宫，不在神宗身边了，但是对他的管教仍然很严格。万历七年（1579年）一天夜里，明神宗在西城设宴饮酒，让身边内侍唱支新曲，内侍哪里会唱什么新曲，刚刚开口说不会，神宗就借酒醉发起脾气来，拔出宝剑，非要杀了内侍不可。左右连忙劝解，最终还是让那内侍跪下来，用剑割掉一束头发了事。第二天一早，李太后得知此事不由大怒，马上让人传话给大学士张居正，命他上疏批评皇帝，让神宗自己写《罪己诏》作检讨。这还不算，还把神宗召来长跪，数落他的过错，而且骂道："天下大器，岂独尔可承耶？"直到神宗哭着请求让他改过，才算了事。后来有人传言说，李太后当时曾经让人取来《霍光传》读，不知是否真的有心另立皇帝。

明神宗宠幸郑贵妃，一心想立郑贵妃的儿子为皇太子，可是他先与一个宫女王氏生下了长子朱常洛，不便废长立幼，因此迟迟不肯册立太子。有的官员上疏言及此事，遭到谪贬。李太后听说后很不高兴，找机会问起此事，神宗说道："彼都人子也。"意思是说皇长子朱常洛是宫女所生，地位低贱，因此不宜立为皇太子。李太后听罢大怒道："尔亦都人子！"原来李太后当初也是穆宗为裕王时王府中的侍女。神宗见母亲动怒，惶恐至极，伏地不敢起。朱常洛因此被立为皇太子。

明神宗不成材，但是他少年时却因母亲的严格教育而颇有英明之名，人谓之为"小世宗"，把他比之于以外藩入继的明世宗。据说有一天，他父亲明穆宗的恭妃派一名内侍拿着金茶壶闯出宫门，送给私家。守门太监上奏，神宗说："此器虽妃所有，然大内器不当闯出。"责罚了内侍，然后又命人送给恭妃百金，说道："即妃家贫，以此给赐。先帝所赐器，不可出也。"神宗还曾对辅臣们说："先帝雅好珠玉，朕思此物，饥不可食，寒不可衣，好之何用？"张居正等人奏道："圣谕甚善。第恐有妃后时不免要用。"神宗道："亦不用也。"这时候他还不满11岁。这不能不归功于李太后的教导。

■故事感悟

尽管现在不提倡体罚，但是李太后对于身背国家兴亡之任的明神宗还是耳提面命，体罚以求其改过。如果明神宗始终顽劣，不听教化，将无法管理好国家。

援朝之战

援朝之战始于明万历二十年（1592年）。这一年，日本关白丰臣秀吉派小西行长等人领兵20万从釜山登陆。每日沉湎享乐的朝鲜国王根本无力抵抗，只好频频遣使向明朝求救。消息传来，明神宗立即作了三项准备：令兵部向朝鲜派遣援兵；命辽东、山东沿海整顿军备，小心戒备；如果朝鲜国王进入明朝境内，择地居之。

然而，当时的兵部尚书石星是个无能之辈，只派了一个游击史儒率少量兵马入援朝鲜。对于20万的日军来说，这点兵力无异于羊入虎口，结果史儒战死。随后赶来的副总兵祖承训也只有3000兵马，仅仅只身逃脱。这两次大败激怒了明神宗。于是，神宗命宋应星为经略，从西北前线调回了李如松，一齐东征。担任前线指挥的有名将李成梁之子李如松，可谓能征善战。明军的前几仗都打得很成功，然而万历二十一年（1593年）正月，在碧蹄馆附近遭到了日军的伏击，损失惨重。双方最后决定议和。日本方面撤兵南下，朝鲜汉城以南的大片国土恢复。日本方面以与明朝通贡为和谈的条件，为此，神宗一面敦促朝鲜国王练兵自守，一面与群臣商量是否与日本通贡。万历二十二年（1594年）十二月，明朝与日本方面互遣使节。明朝册封丰臣秀吉为日本国王，丰臣秀吉身着明朝的冠服，迎接明朝的使臣。

事情看起来似乎已经得到了解决，然而两年之后，即万历二十四年（1596年）十二月，丰臣秀吉撕毁当初议和的条款，发动了第二次朝鲜战争。明朝于次年正月以邢玠为总督，杨镐为经略，再次出援朝鲜。但是，明军的这一次援助却在岛山附近惨遭失败。万历二十六年（1598年）正月，明军退守到平壤南部的王京，与日军进入相持阶段。七月九日丰臣秀吉死去的消息让日军士气低落，阵脚大乱。明军遂发动攻击，日军无心恋战，纷纷登船渡海东归。中朝联军与撤退日军在东南露梁海面发生激战，明将邓子龙、朝鲜将领李舜臣共同指挥军队奋勇杀敌，最终将日军杀得大败。邓、李二将也都战死海上。这一次援朝之战虽然耗损巨大，但对于确保明代的海防与东北边疆却具有重大意义。

□ 文苑拾萃

万历三大征

明神宗在位的后期，朝廷内政荒乱。然而在军事方面，明朝廷却任用得力干将，先后发兵平定了播州（遵义）杨应龙暴乱和宁夏哱拜暴乱，并发兵抵抗了日本丰臣秀吉发兵侵略朝鲜及奴儿干都司的战役，从而维护了明朝的内部统一及宗主国的权威地位。

这三场战争，历史上合称为万历三大征。然而，明军虽然在战役中获得了胜利，军费却也消耗甚巨，这对晚明的财政造成了重大的负担。

胡母严教子成才

胡宗绪（约1670—1740），字袭参，号嘉遁。清代著名科学家、文学家。

中国古代有许多伟大的母亲，她们在教育子女方面为后人树立了光辉的榜样。清朝雍正年间的国子监司业胡宗绪的母亲潘氏，就是这样一位众人敬重的母亲。

康熙年间，有个读书人胡弥禅，娶了安徽桐城一户潘姓人家的小姐为妻，婚后，潘氏生了三个儿子，长子名胡宗绪。

胡宗绪10岁那年，父亲胡弥禅病逝。至此，潘氏靠自己单薄的肩膀支撑起了这个穷家，含辛茹苦地抚养三个幼子。

胡弥禅患病很久，看病吃药花了不少钱，到他撒手人寰的时候，家里已经到了四壁空空、山穷水尽的地步。但是，这并没有难倒潘氏。潘氏拼命劳作，省吃俭用，尽力抚养三个孩子，给他们以深沉的母爱。

胡宗绪稍大一些，潘氏决定送他去读书。由于他家附近没有私塾，潘氏便把儿子送到很远的一所私塾就读。

每天清晨，母亲把儿子送到巷口，老远看着，含着眼泪目送儿子渐渐消失在雾霭里，直到看不见儿子的身影才回家。

　　傍晚，她又站在巷口，含着眼泪迎儿子回来。晚饭后，她让儿子坐在她面前温书，复习白天学过的课程，一直陪伴儿子学习到深夜。

　　潘氏经常告诫儿子，一定要珍惜这难得的读书机会，刻苦学习，不得浪费一刻大好的时光。她还不断鼓励儿子，将来参加科举考试，争取成为国家栋梁之材。

　　就这样过了三年，家里实在穷得揭不开锅了，无奈，潘氏只好让宗绪停止了在私塾的学习，在家自学。

　　潘氏虽不识字，但是为了帮助儿子学习，她就让宗绪把书念给她听，她凭着自己的社会经验和阅历，把自己理解的意思再讲给儿子听。就这样，儿子读，母亲讲，胡宗绪的学习坚持了下来。潘氏听到儿子读朱熹的文章，激动地站了起来，深为感叹地说："我觉得人世间应当有这样的书！"随即，她要求儿子今后一定要多读这方面的书，将来成为深明大义的人。

　　潘氏不仅对长子宗绪严格要求，对其他两个孩子也都严格要求。她经常教育孩子们要做一个正直的人，而且十分注意从日常生活的小事来启发、教育孩子，使孩子们懂得如何才能做一个正直的人。

　　儿子们要出门时，潘氏总是叮嘱他们要走正路。

　　儿子们回家后，如果她发现谁的衣服被草上的露水浸湿，她就一边用竹板打一边斥责："奈何不走正路？"同时，她还就此引申，告诫孩子们，出门在外要走正路，误入歧途就危险了。

　　潘氏不仅严格要求孩子，而且注意以身作则，用自身行为为孩子们树立榜样。

　　那一年，当地遭遇灾害，潘氏自己每天只用瓜蔓、野菜充饥，而把麦子熬成粥给孩子们吃。即使孩子们剩下一口稀粥，她也舍不得吃，而是让孩子们送给村子里挨饿的灾民。这些举动，给孩子们留下了极为深刻的印象。

在母亲的严格教育下，胡宗绪不仅学业大有长进，而且逐渐养成了为人正直的品德。一次，胡家翻修房屋，仆人在旧宅基上挖出了一个盛满金子的罐子，里边有黄金千两，仆人把金子交胡宗绪，胡宗绪坚决不要。潘氏闻知此事，非常高兴，因为儿子没有辜负她多年的苦心教育。

雍正八年，胡宗绪考中进士，后来担任了国子监司业。胡宗绪通过努力刻苦地钻研，终于学有所成。从这时候开始，人们认识到，潘氏严格教子的精神和方法的可贵，她的故事一直被世人传诵和敬仰。

■故事感悟

寡母与儿相依为命，往往会出现母亲溺爱儿子的情形。然而，潘氏对儿子，除了给予慈母之爱，还履行着严父的职责，从日常生活小事上启发、引导孩子走正直之路，做正直之人。这对于封建社会的妇女来说，的确是很难得。

■史海撷英

摊丁入亩

摊丁入亩政策是清朝雍正年间推行的一项重大赋税改革。

封建社会以来，一直都有人丁税，而且不论贫富，成年男子均要缴纳。雍正年间，雍正帝改革了这一政策，将人丁税摊入地亩之中，按地亩的多少来确定具体的纳税数目，地多者多纳，地少者少纳，无地者不纳。这就是"摊丁入地"，这一政策也一举取消了自古以来的人头税。

这项措施不仅有利于贫民而不利于地主，而且还成为我国财政赋税史上的一项具有重大意义的改革。

国子监

国子监为隋朝以后所设立的一种中央官学，也是我国古代教育体系中的最高学府。

明朝时期，由于首都北迁，朝廷在北京、南京分别设立了国子监。设在南京的国子监被称为"南监"或"南雍"，设在北京的国子监则被称为"北监"或"北雍"。

北京国子监如今位于北京东城区安定门内国子监街（原名成贤街）15号，与孔庙和雍和宫互相毗邻，是现今北京仅存的建有四座牌坊的古建街。

国子监整体坐北朝南，其中轴线上有集贤门（大门）、太学门（二门）、琉璃牌坊、辟雍、彝伦堂、敬一亭等，东西两侧还设有四厅六堂，从而构成了我国传统的对称建筑格局。

钟令嘉育子"鸣机夜课"

钟令嘉（1706—1775），字守箴，晚号甘荼老人，余干瑞洪（今江西省饶州）人，清代著名文学家蒋士铨之母。钟令嘉早年曾以女工手艺换取衣食之资，维持一家生活。后来其子蒋士铨考取功名，官至翰林，钟令嘉又告诫儿子：文采莫骄人，安贫即报亲。钟令嘉去世后，袁枚亲为其作墓志铭。钟令嘉著有《柴车倦游集》，但后已佚失。

清朝乾隆年间，江西铅山县出了位名人，他就是与袁枚、赵翼齐名，被称为"江右三大家"之一的蒋士铨。蒋士铨24岁中进士，后官至翰林院编修，并在文学上很有造诣。蒋士铨的成长，与其母钟令嘉循循善诱、孜孜不倦的教诲是分不开的。著名的《鸣机夜课图》即生动地再现了钟令嘉严格教子的感人情景。

钟令嘉，字守箴，江西饶州人。自幼从父读书，18岁嫁到蒋家。蒋家家境不富裕，钟令嘉"历苦穷乏人所不能堪者"而"怡然无愁"。儿子士铨2岁时，丈夫蒋坚便为生计所迫抛妻别子外出谋生，她只好带着儿子寄食于娘家，并从此独自承担起教子成才的重任。

蒋士铨4岁时，钟令嘉便开始"授以四子书及唐人诗"，并教他学写字。开始，蒋士铨因拿笔不稳，写出的字歪歪扭扭，钟氏一时性急，便责备了几句。不料，蒋士铨一赌气，索性不写了，任母亲如何哄逗就是不听。母子间的小小风波，引起了钟令嘉的深思。尽管她心里十分着急，却没有硬逼着孩子再写。她在想，如何才能引起孩子的学习兴趣呢？

一天，钟氏看到士铨在地上摆弄几根小竹棍，插来插去，津津有味，于是，一个念头突然闪出。她决定先让孩子从识字开始，以后识字多了，有了兴趣再练写字。

钟氏找来竹片，劈了一大把竹签，有粗有细，有长有短，并在桌子上摆弄起来。士铨看到母亲也玩竹棍，特别惊奇，立刻跑到母亲身边，要和母亲一起玩。钟氏见此法奏效，十分高兴，于是耐心地和儿子一起玩组字游戏。她先用竹棍不断变换，摆了几个字，看到儿子十分专心，然后又抽出不同的竹棍，告诉他哪个叫"点"，哪个叫"横"，并告诉他，字就是用这些点、横、竖组成的。一下子，士铨的兴趣上来了，钟氏便用竹棍"合而成字，抱铨坐膝上教之，既识，即拆去"。就这样，钟氏正式开始教儿子识字，而且"日训十字，明日令铨持竹丝合成所识字，无误乃已"。蒋士铨6岁的时候，已经认识了很多字。这时，不用母亲督促，他便自觉地拿起了毛笔。

钟令嘉的娘家也不宽裕，她每天都要纺些纱来换钱，以补家中不足。冬季夜长，钟氏每天都是一边纺纱，一边教子读书。她把书放在自己的双膝上，"令士铨坐膝下读之"，自己"手任操作，口授句读"。每每寒夜，琅琅读书之声与嗡嗡纺车之声相和。有时，士铨因困倦，就在母亲膝下睡一会儿。每当这时，钟氏稍微打几下，随即又抱着儿子，流着泪，心疼地说："儿及此不学，我何以见汝父？"士铨看到母亲流泪，就捧起书继续读下去。"至夜分寒甚",钟氏"坐于床,拥被覆双足,解衣以胸温儿背,共铨朗诵之"。

就这样,钟令嘉每天要陪儿子读书至鸡鸣才休息。钟令嘉的几个姐姐见她如此严厉地教子读书,便劝她说:"妹一儿也,何苦乃尔?"钟令嘉对诸姐说:"子众可矣,儿一不肖,妹何托焉?"姐姐们也不好再说什么了。

蒋士铨9岁的时候,钟令嘉便给他讲授《礼记》《周易》《毛诗》,闲暇之时,"更录唐宋人诗教之"。母子二人身体都不好,士铨患病时,钟氏便与他住一室中,精心护理。待病稍好,钟氏就指着室内墙壁上挂着的条幅教子低吟,以此为乐。钟氏患病时,士铨也是不离母亲左右。

一次,蒋士铨天真地问母亲:"母有忧乎?"

母答曰:"然。"

士铨又问:"然则何以解忧?"

母亲说:"儿能背诵所读书,斯解也。"

于是,士铨站在母亲床前,大声背诵。钟氏终于面带笑容,满意地说:"病少瘳矣。"从此以后,钟氏有病,"铨即持书诵于侧,而病辄能瘳"。

钟令嘉的心血没有白费,儿子蒋士铨终于在母亲的教诲下逐渐成长起来,并成为清代著名的文学家。蒋士铨成才之后,始终没有忘记母亲的教诲之恩。在他晚年的时候,还专门请一位老画师作了一幅《鸣机夜课图》,描绘了当年母亲深夜纺纱、劝其读书的情形,以表达对母亲的感激与怀念之情。后来,这幅图便成了清人教子的教材。

■故事感悟

《鸣机夜课图》一画表达了蒋士铨对母亲钟令嘉的感激与怀念,也表露出钟令嘉对蒋士铨不遗余力的教诲，纵使在病重期间，也依然敦促儿子不断学习，堪称教育子女的一代楷模，值得我们学习和深思。

■史海撷英

钟令嘉婚后清苦

钟令嘉18岁时嫁给了江西铅山的蒋坚，当时蒋坚已经46岁。后来蒋士铨是这样叙述这件事的：

母年逾笄，媒者纷至，纨绔市井，群口称利。翁曰："里儿是岂我婿？择婿实难，姑以待字"……是时我父，齿越强壮，壮游来归，内忧初既。甘载天涯，不告不娶。实养亲志，后土皇天，共闻是言。翁曰："孝哉！斯人信贤，吾女克孝，礼法不愆。不字云何，克配是焉。乃破俗议，独行其意。坚子何知，老夫克慰。"

蒋坚的先祖原籍在浙江湖州府，本来姓钱。明末甲申年（1644年），蒋士铨的祖父钱承荣9岁时，因遭遇战乱而流落到铅山县的永平镇，被邑长蒋圣宠收为子嗣，便改姓为蒋。

蒋氏并不富有，祖父母早逝，而蒋坚一直也是功名未就，只中了个秀才，为人又有古烈士遗风，"任侠好客，乐施与，散数千金，囊箧萧然"，所以蒋家的生活比较贫苦。蒋士铨曾记道："明年乙巳，府君贫益甚。五月，两伯父主令析爨，吾父母居旁舍，家四壁立。……是年十日，士铨生。"蒋士铨就是在这样的环境中出生的。

在蒋士铨1岁时，"时家贫甚，小除之日，室如悬磬，氐搜盖箧，得青蚨七文，遣奴子市鲁酒半升，盐豉一区，抱儿煨榾柮以守岁"。过年的时候尚且如此，可知当时家庭的清苦了。钟令嘉20岁生下蒋士铨，因家境穷困，蒋坚远行谋生，母子俩只好在娘家寄住。娘家人对她们母子不但没有歧视，反而非常照顾。蒋士铨在《清容居士行年录》中曾写道："诸舅视母，若未嫁时。"

蒋士铨4岁时生了一次大病，"外兄克辅日走数十里外求医药，得不死"。5岁时，瑞洪大饥，"滋生公家人及吾母皆啮糠籺，哽不能下。滋生公日以二钱购一镒米，以二钱易市脯一片，饲士铨，历二载如一日。"

■文苑拾萃

腊日寄铨儿

（清）钟令嘉

北地寒威重，怜伊客里身。音书差慰我，贫贱莫骄人。
失路皆由命，安时即报亲。师言当服习，莫负诲谆谆。
汝妇能承顺，无时离膝前。居然兼子职，久已得姑怜。
生育宜佳气，平安似昔年。传声语夫婿，孤馆减忧煎。
汝妹依丘嫂，幽窗共食眠。穿针才学绣，识字不成篇。
闺训粗知听，童心未尽蠲。归期宁解卜，时刻掷金钱。
频年思子泪，前月抱孙才。忆汝孩提似，原他祖德该。
啼声劳客试，秀骨或天来。归日应过膝，闻当笑口开。
心情怜下第，约略似前番。官道应攀柳，家庭已树萱。
恃才防暗忌，交友戒多言。结习还当扫，新诗莫诉冤。
力学看驹隙，从游汝得师。遥分五秉粟，足供十人炊。
汝友皆相念，肥甘数见贻。呼吾如若母，问慰过时时。
仆婢爱菘韭，同锄半亩园。门关饶岁月，居僻远尘喧。
夜火机伊轧，家人乐笑言。眼昏今益甚，书帙懒重翻。
梦尔天涯路，肩舆往复频。师方为讲学，客岂是依人。
驷马题桥志，双亲属望身。而翁坟上草，今已四回春。

第二篇
良母善教有成

岳母刺字"精忠报国"

岳飞（1103—1142），字鹏举，今河南相州汤阴（今河南安阳市汤阴县）永和乡孝悌里人，中国南宋名将，汉族民族英雄。岳飞一生与来自于北疆境外的侵略者女真人建立的金国作战，为宋王朝抵御异族侵略，但是最后由于受到南宋统治者的猜忌而被监禁、杀害。宋孝宗淳熙六年（1179年）追谥武穆，宋宁宗嘉定四年（1211年）追封鄂王，故后人也称"岳武穆"或"岳王"。

岳飞生下来还没满月时，黄河决口了，洪水吞没了他的家乡。他和母亲被父亲放进大缸中随水漂流，而父亲却被水淹没了。

他和母亲坐在大缸中，漂流到内黄县境才被救上岸来。母子俩在内黄县麒麟村住下来。

7岁时，母亲开始教岳飞读书写字。没有书，母亲到大户人家去借；没有纸笔，母亲用小木棍在沙地上教他写字。岳飞学习努力，每天除了捡柴、帮母亲做家务事外，余下的时间就是勤奋学习、锻炼身体。读书使人聪明，锻炼身体使人强壮。岳飞在母亲和老恩师周侗的教育下茁壮地成长着，文韬武略，文武兼顾。

周侗能文能武，在当地很有名气。他发现岳飞聪明勤奋，便主动收他做学生，教他刀枪弓马箭术和言诗立说。岳飞不到20岁就能拉开300斤的弓，而且左右开弓，箭不虚发。岳飞把师傅的全身功夫都学到了手，并加以发扬。周侗死后，岳飞按时祭扫坟墓，不忘师傅的教诲之恩。

　　岳飞家里很穷，勉强能维持温饱，但这些从来没有动摇过他苦练武艺、报效国家的志愿。一天，有个太湖匪徒，改名换姓带着大量金银来拉拢他。岳飞发觉后，当即把金银原封不动地退还给他。母亲知道这事后，马上在祖宗牌位前摆上香案，让他脱下上衣，磨好墨，母亲拿笔在他背上写了"精忠报国"四个字，还怕他忘掉，又用针将字刺在他背上。

　　岳飞对母亲特别孝敬。他跟金兵作战时，母亲随逃难人群流落河北。岳飞闻讯后，马上派人到河北寻找母亲，接到安全地方，竭力孝敬母亲。母亲病了，他亲自伺候，端水拿药，目不交睫，衣不解带，不离母亲身旁。一直到母亲去世，从不厌倦。

　　岳飞听从母亲的正确教导，率领岳家军抗击外敌入侵，收复河山，救平民百姓于水火，战功卓著。虽受奸臣秦桧的陷害致死，但他精忠报国之心不变，成为名垂千古的民族英雄。后人称他是真正的忠臣孝子。

■故事感悟

　　岳母刺字，世代流传。"精忠报国"，激励后人。一代名将，为人师表。敬师孝母，精神永存。岳飞的精神和民族气节激励着一代代中华儿女。

"莫须有"

岳飞的第四次北伐因宋高宗的十二道金字牌班师诏而失败，岳飞被召回。随即，岳飞父子被秦桧以谋反罪名予以逮捕审讯。虽然因找不到证据而无审讯结果，最终，高宗和秦桧还是决定杀害岳飞父子和张宪，而秦桧则创造发明了"莫须有"的罪名。韩世忠当面质问秦桧，秦桧言"其事体莫须有（难道没有这样的事吗）？"

绍兴十一年十二月廿九（1142年1月27日）除夕之夜，一代名将岳飞及其儿子岳云、部将张宪在杭州大理寺风波亭内被杀害。岳飞被害前，在风波亭中写下八个绝笔字："天日昭昭，天日昭昭。"

岳飞被害后，狱卒隗顺冒着生命危险，将岳飞的遗体背出杭州城，埋葬在钱塘门外的九曲丛祠旁。隗顺死前，又将此事告诉儿子，并说：岳元帅尽忠报国，今后必有给他昭雪冤案的一天！

岳飞沉冤21年后，绍兴三十二年（1162年），宋孝宗即位，准备北伐，便下诏平反岳飞，追封鄂王，谥武穆，忠武，改葬在西湖栖霞岭，即杭州西湖畔"宋岳鄂王墓"，并在湖北武昌立庙，修宋史列志传记。

岳王庙

岳王庙，是我国各地纪念南宋著名抗金英雄岳飞的祭祀性庙宇。

在全国地有很多岳飞庙，比较著名的有以下几个：

杭州岳王庙：位于浙江杭州西湖。

开封岳飞庙：即岳王庙，位于河南省开封县朱仙镇。

汤阴岳飞庙：即岳王庙，原名为精忠庙，位于河南省汤阴县菜园镇程岗村。

武昌岳王庙：位于湖北省武汉市，始建南宋乾道六年（1170年）。1938年，武汉保卫战爆发前夕被炸毁，日军占领武汉后庙址曾一度被用做焚尸场，此后庙址及黄土坡岳氏坟山旧址都被纳入中南财经政法大学首义校区为宿舍楼。现遗址仅存岳王台。

宜丰岳王庙：位于江西省宜丰县境内，始建于南宋年间，后来曾多次修复。1991年因拓建新昌大道，岳王庙被拆迁。1992年，岳王庙在南屏公园景区境内的南屏山灵峰重建。

泰州岳飞庙：位于江苏省泰州县（今泰州市海陵区境内）泰山之巅的泰山公园之中。该庙始建于明万历十年（1528年），1985年重修。庙内驻有和尚，正殿供奉有岳飞的神像。

铜锣湾岳王古庙：位于香港铜锣湾东部电气道，也是香港唯一一座以奉祀岳飞为主神的庙宇。

鲍出闯贼群救母

　　鲍出，字文才。汉朝新丰人，天生魁伟，生性至孝。后人有诗评价：救母险如履薄冰，越山肩负步兢兢；重重危难益坚忍，孝更绝伦足可矜。

　　汉朝时，陕西省临潼县新丰镇有一位姓鲍名出的青年人。父亲因病早死，留下母亲和弟兄五人，一家六口靠种地、砍柴糊口过日子。

　　鲍出又名鲍文才，其人与名大相径庭，斗大的字不识几个，可他生来身材魁梧，力气颇大，性格豪爽。

　　曾有一次，附近村子一批少年男女在山野地上放牧牛羊，碰上两头大牯牛打架。两头牯牛头对头，角抵角，瞪着两双血红的眼睛，蹬着八条强劲的腿，打斗得难解难分，欲拼个你死我活……少年男女们惊得目瞪口呆，远远站着呼天叫地，束手无策，乱成一团。

　　大家正焦急之际，鲍出闻声赶到，只见他毫无惧色地走上前去，抖了抖双手，揉了揉胳膊，抽了抽长气，走近正在格斗的牯牛。两头牯牛根本没把小小的鲍出放在眼里，依然继续打斗。鲍出选好进退位置，伸出双手掌对准正在格斗中的一头牯牛的臀部用力一推，"轰隆"一声把那头牯牛推翻倒地，牯牛四脚朝天乱瞪，"哞哞"直叫，好一阵躺着爬不起来。另一头牯牛待了几秒钟，掉转头跑开了。这一幕，把围观的人都惊呆了……

因鲍出排行老三，从此后，乡亲们送他一个外号叫"三猛子"。

距离鲍出家不远的高山上，有座香火旺盛的道观，观内有一位精通武术、皓发白眉的道长。他见鲍出体魄健壮，臂力过人，主动收纳他为门徒，教他武功拳术。奈何鲍出家境贫寒，忙于耕种劳作、养家孝亲，武艺还未达到炉火纯青的境界，老道长已羽化升天了。

有一年，黄河中上游一带久旱，庄稼收成甚少，沿河两岸闹饥荒。地主、豪商乘机囤积居奇，兼并土地，大赚一把，统治者却无人过问灾民的疾苦。于是，无数饥民聚众集伙，打家劫舍，一时间盗贼蜂起。在农村，像鲍出那样五大三粗的大男人干活都饿肚子，人少力弱者就更是生死未卜了。

一天，鲍出让母亲一人留在家中看守，他们弟兄五人挎篓挽篮，上山去采摘野菜、野果、蘑菇等可吃的东西，准备拿回家填肚子。

他们上山忙碌了一阵，先采得几升蓬实和一些蘑菇，鲍出就吩咐大哥鲍山和二哥鲍雅及四弟鲍成拿回家，分工将蓬实磨成粉，熬羹煮蘑菇，劈柴弄吃的。他同五弟鲍伦继续采集可充饥的食物。

鲍山三人回家一看，家里被什么人翻箱倒柜地弄得乱七八糟，母亲也不见了，屋前房后都不见影儿。爬上后山顶一瞧，远远望见一帮扛枪弄刀的贼子押着两个捆绑着的妇女，看其中一位妇女的背影就是他们的母亲。

三个人看得很清楚，却木讷讷地面面相觑，束手无策。

待了好久老大鲍山才说："这，这怎么办？我们去追吧，岂不白白送死吗？这，这……"

老四鲍成说："我去把三哥和五弟找回来，我们几弟兄一齐去。"说着鲍成就跑去找鲍出兄弟俩了。

老二鲍雅气得一屁股坐在土坎上，双手抱住脑袋，无可奈何地摇晃。

再说鲍出和五弟鲍伦正采摘铁藜籽，忽听得山坳那边传来鹌鹑的鸣叫声。

鲍出一听，喜上心来："鹌鹑这个东西的肉可好吃呀，就算抓不着鹌鹑，找着窝，掏五六个鹌鹑蛋也好，可以给母亲补一补身体嘛……"

鲍出想到此，对鲍伦说："五弟，你听——走，抓鹌鹑去。"说着两弟兄朝山坳跑去。

弟兄俩翻过山坳，钻入灌木丛，向鹌鹑鸣叫的地方躲躲闪闪地蹿去。真的在草丛中找着两窝鹌鹑蛋，麻花花的八九个，可把两弟兄乐坏了。

鲍出两弟兄提着装着鹌鹑蛋和铁藜籽的筐笼，乐呵呵地往家走。心欢脚步快，不多时间就快到家了。

站在山顶张望的老大、老二也看见鲍出他俩返回了，只不见老四，原来途中岔道了。

老大、老二将母亲被贼人捆绑去了的事告诉了鲍出，可把"三猛子"的肺气炸了。他二话没说，匆匆忙忙跑回家，放下装有鹌鹑蛋的筐子，跨进内室，从墙上取下师傅老道长赠送给他作纪念的、削铁如削泥土的朴刀，气冲冲地跨出门槛……

在门口碰上老大，鲍山一把拉住鲍出："三猛子，你，你要干啥？"

"我要去杀那伙狗强盗，救回母亲。"鲍出瞪着双眼说。

鲍山恳切地说："三弟呀，不要莽撞！那伙人都是些杀人放火的强盗。不要说你一人去，就是我们几弟兄一齐去，也是白白送死呀！"

鲍出大声怒吼："大哥，二哥，我们当儿子的，难道能够眼睁睁地让贼人把母亲捆绑走而见死不救吗？那，那还叫人吗？"

老大、老二都上前拉住鲍出不让走。

"放开我，我要去救回母亲。即使被贼人砍成几大块，剁成肉酱，我也心甘情愿！"鲍出边说边挣扎，大吼，"你们放开我——"

鲍出使劲把拉住他的老大、老二推倒。他提着朴刀，快步如飞地朝贼人去的方向奔去……

时当初秋季节，人称"秋老虎"的太阳火辣辣地炙烤着大地，路旁的树叶低垂着，也许有一点儿火星子都会燃烧起来。蝉儿趴在树桠上，拉起长音"热死了——热死了——"嘶叫个不停。

鲍出扛着朴刀在烈日下一口气追了十来里路，湿漉漉的汗水早已将单层麻布坎肩粘贴在他身上了。

鲍出抬头一望，前边有一群仿佛拿棍拖棒，零零乱乱的人慢慢蠕动着，料定是贼人的队伍。

鲍出火冒三丈，急追几步，大声吼："蟊贼休走，三猛子杀你们来了！"吼声震得山鸣谷应。

那些又饥又渴又热又累的贼人，一个个还没回过神来，鲍出已冲入了贼群队伍。

这伙贼子本是乌合之众，只有在老弱妇孺面前抖抖威风，他们哪里是武林高手教练过的鲍出的敌手呢！

鲍出是仇恨加勇猛，挥动削铁如泥的宝刀，冲入贼群，如入无人之境。前后左右，寒光闪闪，上似雪花盖顶，中如金龙缠腰，手起刀落，四五颗人头落地，一个个尸体扑地，手乱抓，足乱蹬，殷红的血浆洒满地……吓得一个个贼人胆战心惊，四散奔逃。

忽听贼人头领高声喊："弟兄们，站住！不要怕他，他再凶是一个人，没长三头六臂呀！大家一齐上，围住他，抓活的——"

贼头领喝令三四十人从四面八方，一个个躬着腰，举着长矛、砍刀，一步迈不出五寸地挪动、围上来了……

"三猛子，你快跑呀！不要管我——"鲍出听出是母亲的声音。他心一横，牙一咬，乘包围圈还很大时，擒贼先擒王，纵身一跃，冲向贼头领那边，奋力挥刀厮杀。只看见条条白光闪动，肉飞血溅；只听得声声惨叫，呼爹喊娘。一场恶战，鲍出又杀死、杀伤十余人。

那贼头领看看抵挡不住了，一步跳上一个土台大声问："喂，你这汉子，为什么要苦苦追杀我？"

鲍出高声反问："那你们为什么要捆绑走我母亲？"

贼头领问："你母亲在哪里？"

"三猛子，妈在这里——"鲍出一听，母亲就在附近的树丛里，便把刀尖指着贼头领骂："你这没心肝的混蛋，你也是父母所生的。你这样残害老百姓，没有好下场。你还不把我母亲放出来，我与你拼了！"

头领放下武器，双手抱拳，和颜悦色地说道："壮士息怒，我们多有冒犯，马上就放回你母亲。还请壮士高抬贵手，放我们弟兄一条生路去吧。"

鲍出的母亲回到了儿子身边。

"三弟，你救救嫂子呀——"树丛里另一妇女高声求救。

鲍出的母亲说："她是同妈一起被抓来的。坡上魏老四家的。快救她呀。"

"你们快把我嫂子放出来！"鲍出说，"你这大哥，我再奉劝你几句，你们要想成大事，应该团结老百姓，共同对付那些贪官污吏，恶霸劣绅。"

鲍出搀扶着母亲，与那位刚救出的妇女一起往回走。

贼人抬着受伤的同伙，丢下死尸走远了……

鲍出救回母亲后，害怕那伙贼子来报复。弟兄们一商量，收拾好能带走的家什，锁好门户，一家人逃难。他们四处漂流，逢山爬山，遇水趟水，乞食讨饭，何处天黑何处歇，流浪到河南省的南阳郡。

战火连天，兵荒马乱。老二、老四和老五，途中被乱兵抓去，说是当苦力，结果一去杳无消息，是死是活都不知。为了活命，剩下的哥俩只好各奔前程了。老大鲍山，招赘到一户寡妇家去了。真可谓：弟兄好似同林鸟，大难来时各自飞呀！好端端一大家人，就只剩下鲍出一人供养孝敬老母了。

东汉献帝（刘协）建安五年（201年），鲍出和母亲要回北方老家——临潼县新丰镇。母子二人动身北归。母亲年轻时养育五个孩子成长，家又穷，浆衣缝补，高高矮矮，大大小小几张嘴啼饥号寒，耗尽了精力。年岁已老，更加体弱多病，行走步履艰难，在鲍出的搀扶下慢慢走，一天走不了多少里路。

母子俩走了好多天，来到崇山峻岭、悬崖峭壁纵横数百里的伏牛山。母子俩要翻越这座野兽出没、山路崎岖、荆棘蔽野的大山，确实难！

母子来到伏牛山麓，鲍出将母亲暂时安顿在山下一个草棚里，自己下山砍竹子，编了个大背篓，篓内安上坐凳，叫母亲乘坐在背篓内，由鲍出背着母亲翻山越岭。

鲍出背着母亲一步又一步地爬山，往往要用手攀着岩边藤蔓登山，一不小心会跌下悬崖，摔个粉身碎骨。累了，背篓靠住山壁，歇口气再爬；渴了，喝山洼清澈见底的泉水；饿了，采摘树上的野果吃；天黑了，就在路旁石岩下、山洞里能遮风挡雨的地方过过夜。尽管辛苦，母子俩向家乡跨一步，就离家乡少几尺了……

母子俩在伏牛山上爬坡下坎、顶风冒雨，走了好几天。

一天下午，鲍出背着母亲在崎岖山路上一步又一步向前挪，欣然发现山坳下有个小茅草屋。他高兴极了，心想，好几天没吃熟食了，身上还有少许铜钱，能买得一些粮米，熬碗粥给母亲喝就好了。

鲍出想到此，脚步似乎更有力了，背起母亲朝小茅屋走去。

刚走到茅屋侧边，就听见屋内传出呜呜的哭泣声。鲍出一听，站着门外犹豫了……

鲍出的母亲也听到了哭声，说："来都来了，我们还是进屋去看看，尽量不麻烦人家就行了。出门看天色，进门看脸色嘛！"

母子俩跨进门槛一瞧，惊住了——屋内木板上停放一具血肉模糊的男人尸体，一位青年妇女坐在尸体旁掩面伤心地啼哭。

那妇女听见有人进屋，吃了一惊，回头看见是一个中年男子背着一个老太婆，也就镇静下来了。

妇人揩干泪水，对母子俩说："这死人就是我丈夫。昨天下午他出去打野兔、山鸡。天黑了都没回家，山上有虎狼，我不敢去找，坐着等了一夜都没回来。今早天大亮了，我出去翻了几座山，才在一个山岩边找到气息奄奄的他。他吃力地告诉我，昨天碰上两只金钱豹，躲避不及，与两只金钱豹搏斗，被抓咬成重伤，挣脱逃跑，滚下山崖，避开了金钱豹，没被吃掉……话没说完就死了。我刚把他背回家来……我，我一个妇道人家，四顾无亲，怎么办啊？！"

鲍出的母亲问："那你的爹妈和婆母、翁爹呢？"

妇人说："不怕老人家见笑。我姓余，他姓高，是邻居，从小在一起相伴长大的。我俩私订了终身。我爹妈嫌高家穷，偏要把我嫁给一个亭长当姨太。我俩瞒着爹妈，逃婚逃到这荒山野岭，自修茅屋，自开荒山，打猎补充过日子……周围十多里没人家，叫我求谁帮忙安埋丈夫……"

鲍出说："妹子别着急，我比你大几岁，别见怪，就叫你妹子吧。我能帮助你。"

深山旷野，贫家小户，一切祭祀就免了。鲍出挖了一个坑，帮助妇人将死人掩埋了。

次日，鲍出母子又准备继续动身赶路了。

那妇人见他母子马上要出门了，低着头，噙着泪对鲍出说："大哥，暂请留步。我的身世已经向伯母、大哥说了。而今，我丈夫已死了，我又不敢回娘家与高家，而且无儿无女的。只剩我一个弱小女子，四无邻居，怎么活命，怕只会被虎狼吃掉……如果大哥不嫌小女子丑陋的话，我愿嫁给你，跟你们一起回老家去。我是贫家小户，庄稼人出身，粗活细工都能干……请大哥答应吧。"

鲍出一听，低下头，闷着葫芦不好意思开腔，只回头看看母亲。

"三猛子，你看这妹子长得高高大大，品貌也好，侬就快点头答应了吧！"鲍出的母亲催促地说。

鲍出已是30多岁的人了，因为穷没人提过亲。近年又四方逃难，想都没想过娶亲的事，今天遇上了"仙女下凡"般的好事，心里乐滋滋的，嘴巴却张不开，听母亲一说，也就边点头边从喉头里哼出"好，好——"。

鲍出的母亲见状，趁热打铁地说："好，天老爷在上当媒证。连香烛都没有，一切从简办。你俩当着妈的面，拜下天地，拜下妈，就算成亲了。"

鲍出和余氏女依照母亲的主意，拜了天地，拜了高堂母亲，就算结为夫妻了。

三人就在茅屋住了一夜，第二天，鲍出依旧背着妈，余氏背着一些行李，继续赶路。

鲍出回家后，同妻子一道修葺房舍，种地、帮佣，殷勤孝敬老母。一家人过得甜甜美美的，生男育女过终老。

老母亲活到90岁才去世，夫妻俩白头偕老，子孙满堂。

诚然，鲍出横刀闯贼群救母、用竹篼背母翻山越岭的故事不会重演了，但鲍出那种为救母不顾个人安危，孝敬老母，不辞辛劳，几十年如一日的精神，仍值得我们当儿做女的思考、学习。

东汉九卿

东汉时期的许多官制，都沿用了西汉时期的官制，例如，太常、光禄勋、卫尉、太仆、廷尉、大鸿胪、宗正、大司农、少府为九卿。然而与西汉有所不同的是，东汉九卿分隶属三公，其中太常、光禄勋、卫尉三卿属太尉；太仆、廷尉、大鸿胪三卿属司徒；宗正、大司农、少府三卿属司空。

东汉九卿都在官称上加一个"卿"字，如太常卿。此外，东汉九卿与西汉的不同之处还有：1.光禄勋除西汉的五官中郎将、左中郎将、右中郎将、虎贲中郎将、羽林中郎将之外，增置东中郎将、北中郎将、西中郎将、南中郎将；2.少府尚书改称为尚书台，由西汉的常侍曹、两千石曹、民曹、主客曹改为六曹，还改常侍曹为吏曹，增三公曹，将主客曹分为南主客曹与北主客曹。尚书台增设左右丞两人，诸曹侍郎各六人，令史诸曹各三人，事务繁剧的曹增令史各三人。由此可见，尚书台的组织比西汉时期的尚书要重要、庞大得多。

《二十四孝》

《二十四孝》全名为《全相二十四孝诗选》，由元代的郭居敬编录，也有说是其弟郭守正编撰，还有说是郭居业所撰。

《二十四孝》由不同环境、不同遭遇的历代的 24 个孝子行孝的故事集撰而成。因后来的印本大都配以图画，所以又称《二十四孝图》。

《二十四孝》为中国古代宣扬儒家思想及孝道的通俗读物，其中的故事大都取材于西汉经学家刘向编辑的《孝子传》，也有一些故事取材于《艺文类聚》《太平御览》等书籍。

蔡君仲采桑孝母

西汉末年，王莽篡位称帝。王莽推行新政，搞得天怒人怨，民不聊生，继而爆发了大规模的反莽战争。四方起义聚众十余万讨莽，连京城长安附近的赵朋、霍鸿也举起了"讨莽兴汉"旗帜。各地汉室旧臣、刘氏贵族、失去土地的农民等纷纷起义响应，时局混乱。

官兵与起义军搅在一起，盗贼蜂起，占山为王，打家劫舍，胡作非为。在这兵荒马乱、狼烟四起、刀光剑影、弱肉强食的混乱年代里，受苦受难的还是老百姓！

这时期，河南省汝南庄蔡岭有一位姓蔡名君仲的少年，家里本来就很穷，地里收割的少量粮食、薯类也被那些为争权夺地、半兵半匪的大军抢光了。爹爹饿死了，丢下他们母子俩。母亲饿得面黄肌瘦，头昏眼花，走路都东倒西歪了……附近山上的野菜和勉强可吃的梧桐树皮、芭蕉头、葛根……早已被周围的人吃光了，只有山上的白垩土（人称"仙米"，即观音土，也叫做碗胚的白黏土）还可以挖来吃。白垩土很难吃，吃下去屙不出！

实在没办法了，蔡君仲提个竹篮，内装一个钵儿和品碗，打算出去向那些财主、老板讨些残汤剩饭来给母亲吃！

那天，蔡君仲清早出门，跑了一二十里路，走了七八户人家。那些有饭吃的人家见有人乞讨，就把门关上了，甚至放恶狗来咬……一直讨到下午，太阳只有半竹竿高了，竹篮还是空的，蔡君仲只好有气无力地往回走。

蔡君仲返家途中，路经一座大山的峡谷处，瞧见桑树上结了许多桑葚。他喜出望外跑上前去，将风吹落在地上的、树上结的那些红的、黄的、紫黑色的桑葚捡、摘了小半篮子，高高兴兴地提回家，交给母亲。母亲尝出黄红色的桑葚是酸的，紫红带黑色的桑葚是甜的。

蔡君仲听母亲说后，就把篮子内紫黑色的桑葚挑选出来给母亲吃，剩下黄红色的桑葚自己吃。蔡君仲见母亲津津有味地吃着紫黑色桑葚，心里甜甜的……

"渴时一滴如甘露，饥时荠羹比肉香。"蔡母吃了桑葚显得精神多了。从此，蔡君仲每天提着竹篮东山寻、西山找，采摘桑葚、构皮葚或其他野果来维持母子的两条命，在死亡线上挣扎着。

有一天，蔡君仲正在一片桑树林子里采摘桑葚，突然闯来一大群持刀弄枪、打家劫舍的大兵。这些大兵衣着五颜六色的，其实多半是走投无路的饥民，为了活命，只要有人吆喝召集，就一哄而起"响应讨莽"。

大兵们抓住蔡君仲，威逼他去搬东西，养牲口。蔡君仲不肯去，告诉大兵说，家有老母亲要伺候供养。大兵们不听他分辩，吓唬他："你不依从，就把你杀了，割出你的心煎来下酒喝。"

蔡君仲依然不从，提着竹篮拼命逃走。

正在纠缠时，头领徐宣听见嘈杂声赶了过来。

徐宣对蔡君仲说："你这娃娃儿，好不通情理。叫你来给我们养马喂牛，有饭大家吃，有银子大家分，有什么不好？"

蔡君仲将脑袋一昂说："哼，你们才不通情理。我已经给你们说了，我爹爹活活饿死了，丢下我们母子俩，家里什么吃的东西都没有。母亲饿得迈不了步，我提着篮子到那些财主、老板家去讨残汤剩饭来给母亲吃，那些没良心的财主、老板不但不施舍给我点儿吃的，还放恶狗来咬我……刚才，我正在桑树林子里采摘桑葚，你们抓住我……硬要我给你们去养马喂牛……还说要杀死我，割出我的心，煎炒来下酒……我走了，我母亲一人在家，无人照管，岂不活活饿死吗？大家都是父母所生的嘛！你们也有爹妈呀！大王，请你救我母子两条命，把我放了吧。"说着蔡君仲痛哭起来。

徐宣看见蔡君仲提的竹篮子里的桑葚，把紫黑色的与黄红色的分开放成两堆，又好奇地问："你这篮子里的桑葚为什么把紫黑色的与黄红色的分开放成两堆呢？"

蔡君仲回答："这紫黑色的桑葚是甜的，是留给母亲吃的；黄红色的桑葚是酸的，是我自己吃的，所以分成两堆放。"

徐宣和站在四周的兵士听了蔡君仲的这番话，都很受感动。有的人联想到自己家的老父、老母不知现在怎么样了；有的人悄悄牵起自己的衣襟角，揩着滚出眼眶的泪水；有的人默默地低下了头……

徐宣突然把脸一变，跨上前一步，伸手揪住蔡君仲的胸襟，瞪起双眼说："你说的这些话，可是真的吗？"

"大王，小子不敢扯谎，句句是真，你们不信的话，可以去我家看看，如有半句假话，就把我这小脑壳砍下，再割出我的心来，煎炒来下酒……"蔡君仲理直气壮地说。

徐宣大声笑着，拍拍蔡君仲的肩膀，感慨地吩咐："这个小兄弟是个孝子，值得我们尊重效仿。谁都有父母呀！当儿女的都该孝敬父母。

别人的老父、老母也该当成是我们自己的亲父母。本王要奖赏这个孝子，赏大米2斗、羊腿4只、银元宝2个和一些衣物。马上派人给他们家送去。你们说，这样做好不好？"

"好，好！大王英明"大家异口同声地高声回答，拍手叫好。

几个大兵按照大王徐宣的吩咐，把大米、羊腿、银子、衣物等如数给蔡君仲家送去。

大家抬着、挑着东西走到蔡君仲家。

"儿呀，妈站在门口望你好久了，你，你才回来哟——"蔡母正倚着门框张望着。

久旱逢甘雨，蔡君仲母子俩得到徐宣的救济，终于渡过了难关。

几年后，蔡君仲在家勤劳耕种，供养老母，后来娶了妻子，生男育女，一家人过得和和美美。

蔡君仲的孝行也传到四面八方，有心人记下了这桩事迹，流传至今。

□故事感悟

古语道："家贫出孝子。"在那食不果腹、衣不蔽体、饥寒交迫、危及生命的紧急关头，能首先想到父亲、母亲的吃、穿，然后才考虑自身……别以为是小事，当儿女的能做到这点"小事"，多不容易呀！

《诗经》云："父兮生我，母兮育我…… 欲报之德，昊天罔极。"父母养育其身，先有父母付出的辛劳，才有自己。

王莽掌权

王莽，字巨君，生于元帝初元四年（公元前45年）。王莽的相貌奇丑无比，大嘴叉，短下巴，金鱼眼，红眼珠，大嗓门，声音嘶哑。

但是，王莽自幼对内孝敬寡居的母亲，照顾兄长的遗孀；对外结交一些才俊的朋友，又拜当时著名的学者陈参为师，攻读经书孜孜不倦，待人接物恭敬有礼。尤其是在侍奉执掌大权的伯父、叔父们时，更是小心翼翼，处处都表现得谦恭谨俭、温文尔雅，由此也得到了人们的广泛赞誉，为他日后的政治生涯打下了良好的基础。

汉成帝阳朔三年（公元前22年），王莽的伯父——执掌朝廷大权的王凤病倒了，王莽在床前尽心侍奉伯父，这让王凤大受感动。临死时，他拜托皇太后王政君和外甥汉成帝，希望他们关照一下王莽。随后，王莽便有了第一个职务——黄门郎。王莽24岁时，开始了他的政治生涯。

当时，大司马王商也觉得王莽这个侄子不同凡响，便向汉成帝上书，愿将自己的封地分一部分给王莽，其实就是要求汉成帝给王莽封侯。另外，一些朝廷大臣也都看好王莽这颗新星，纷纷向皇帝称赞王莽。很快，王莽声名鹊起，引起了成帝的关注。

永始元年（公元前16年）五月，汉成帝下诏，封王莽为新都侯，封地在南阳郡新野的都乡（今河南新野县境内），食邑1500户，并提升他为骑都尉、光禄大夫、侍中。王莽身兼数职，进入到朝廷政权的核心。此时年仅30岁的王莽已跃居几个叔叔之上，成了朝廷中很有权力地位的重臣了。

游子吟

（唐）顾况

故枥思疲马，故窠思迷禽。

浮云蔽我乡，踯躅游子吟。

游子悲久滞，浮云郁东岑。

客堂无丝桐，落叶如秋霖。

艰哉远游子，所以悲滞淫。

一为浮云词，愤塞谁能禁。

驰归百年内，唯愿展所钦。

胡为不归欤，坐使年病侵。

未老霜绕鬓，非狂火烧心。

太行何难哉，北斗不可斟。

夜静星河出，耿耿辰与参。

佳人夐青天，尺素重于金。

沉寥群动异，眇默诸境森。

苔衣上闲阶，蟋蟀催寒砧。

立身计几误，道险无容针。

三年不还家，万里遗锦衾。

梦魂无重阻，离忧罔古今。

胡为不归欤，辜负匣中琴。

腰下是何物，牵缠旷登寻。

朝与名山期，夕宿楚水阴。

楚水殊演漾，名山眘岖嵚。

客从洞庭来，婉娈潇湘深。

橘柚在南国，鸿雁遗秋音。

下有碧草洲，上有青橘林。

引烛窥洞穴，凌波睥天琛。

蒲荷影参差，凫鹤雏淋浔。

浩歌惜芳杜，散发轻华簪。

胡为不归欤，泪下沾衣襟。

鸢飞戾霄汉，蝼蚁制鳣鲟。

赫赫大圣朝，日月光照临。

圣主虽启迪，奇人分湮沈。

层城登云韶，王府锵球琳。

鹿鸣志丰草，况复虞人箴。

沈季铨舍命入江救母

沈季铨（生卒年不详），唐代洪州豫章人。

沈季铨从小死了父亲，母亲一人辛苦地将他抚养成人。

沈季铨自小就比一般小孩懂事，知道关心母亲、体贴母亲。他听母亲的话，还能帮助母亲干力所能及的活儿。

沈季铨从不和人争论计较小事，有人故意逗他、惹他，无理取闹，他也从不生气，总是一笑了之。时间长了，有人问他："你怎么这样老实，懦弱无能呢？"他回答道："为人老实有什么不好呢？"那人很不理解，叹道："你也太不争气啦！"沈季铨把自己的想法都告诉他，说："我是很老实，但不是软弱可欺。我想的是处处事事都不叫母亲操心，不叫老人操心就是对老人的孝敬。你想想，和人家争吵起来，你说人家的不是，人家反过来也会说你的不是；你骂了人家，人家同样会骂你，使父母受到侮辱，这就是不孝敬了。孝敬父母，就必须做到自尊自爱，使父母免受侮辱。这样做能说是懦弱无能吗？"

那人听了很受启发，没想到他人不大，想问题倒挺深刻。这些话传到了同龄人的耳里，大家都不再惹逗他了，而且十分敬重他，有的人还学他的样子去做，不再惹是生非了。

贞观年间，一次，他陪母亲到亲戚家去串门。在照料母亲过江时，突然刮起了大风，船失去了控制，母亲不幸掉到江里。风呼啸着，母亲来不及呼救就被浊浪卷入江底。"母亲！"伴着这带有惊慌、悔恨、痛心的呼号声，沈季铨纵身跳入江中。他奋力朝母亲游去，抱住母亲，曾几次举出江面，但终因风大、水深、浪急，没能救上来。母子一起沉入了江中。

第二天，岸上的人才发现漂浮在江面上的尸体。打捞上来时，人们发现沈季铨的双臂仍紧紧地抱着母亲的躯体，很难分开。

当地执政的都督谢叔方看着打捞上来的尸体十分感动。为表彰沈季铨舍身救母、至死不忘的品格，他命人买来棺材和祭品，岸边的人也主动前来相助，把母子埋葬在江岸的高处，名之为"孝子坟"。

▉故事感悟

沈季铨幼年便明事理，不让母亲操心，体现了其孝敬母亲的崇高品质。母亲掉落江中又奋不顾身去抢救，这种精神是多么可贵啊！沈季铨至死不忘的孝行陶冶着一代又一代的后人。

▉史海撷英

白马驿之祸

白马驿之祸又称"白马之祸"，是唐朝末期朱温杀害清流朝官的一个事件。

天祐二年（905年），朱温在亲信李振的鼓动下，在滑州的白马驿（今河南滑县境）一夕杀尽左仆射裴枢、新除清海军节度使独孤损、右仆射崔远、吏部尚书陆扆、工部尚书王溥、守太保致仕赵崇、兵部侍郎王赞等"衣冠清流"30余人，并将尸体全部投入河中，史称"白马之祸"。

朱温篡唐"白马之祸"后，唐朝政府的势力基本被扫除。两年以后（907年），朱温废掉唐哀帝自立为皇帝，改国号为"梁"，史称后梁，朱温也成为梁太祖，唐朝正式灭亡。

□文苑拾萃

唐人——中国人的通称

唐代是中国古代最繁荣强盛的一个朝代。从唐太宗的"贞观之治"开始，唐朝拓土开边，威震中亚、西亚及南海各国。在西北地区，那里的少数民族都称唐太宗为"天可汗"。到了唐玄宗的"开元之治"，唐朝的国威更是日益强盛，远近各国都会派人前来"访问"。从此，外国人对中国的一切都均以"唐"字加称，如称中国人为"唐人"，称中国的字为"唐字"，称中国为"唐山"，等等，这些称呼一直延续至今。

唐朝灭亡后，由于唐朝对世界各国经济、文化的影响，外国人对中国人称为"唐人"的习惯一直没变，从宋元直至明清时代都是如此。《明史·真腊传》中说："唐人者，诸蕃呼华人之称也，凡海外诸国尽然。"直到现在，老一辈的华侨仍喜欢自称为"唐人"，称中国为"唐山"，在海外华侨聚居的地方称为"唐人街"。日本在明代时期仍称呼中国为唐土，称呼中国人为唐人。

朱丹溪为母学医

　　朱丹溪（1281—1358），名震亨，字彦修，因世居丹溪，故人称朱丹溪，或尊称为丹溪翁。朱丹溪是元代义乌（今浙江省义乌市）人，与刘完素、张从正、李杲等人并称金元四大医学家，为滋阴派的创始人。

　　朱丹溪幼年丧父，与母亲相依为命。少年时代的朱丹溪深知母亲的难处，非常体谅母亲。母亲无力供他上学读书，他就自学。白天帮助母亲干活，晚上挑灯读书。家中没钱买书，他就到村上一户藏书多的人家去借。就这样日积月累，他学习了很多知识，到了青年时代，就已才华出众，成为当地一位学问渊博的人。

　　邻里见他学问过人，劝他考科举，弄个一官半职当，日子也好过，又能光宗耀祖。但朱丹溪对此劝说从未动心，因为他一心致力于科学技术的研究。可是，朱丹溪后来却改学医学了，这是为什么呢？

　　原来，朱丹溪30岁时，母亲患上了严重的胃病。朱丹溪非常着急，到处寻医问药，请了很多医生给母亲治病，可是母亲的病始终不见好转。

朱丹溪见母亲病痛的样子，心里十分难过，于是暗下决心改学医学，以便日后可以亲自为母亲治病。从此，他日以继夜地钻研医学，翻阅《内经》《难经》等医书，并努力研究"望、闻、问、切"的中医诊病方法，尤其是研究胃病的常用药物。他不畏劳苦，亲自上山采药，亲自炮制。为了安全起见，熬成药后他都要亲自尝一尝，体味药性，然后才让母亲喝。

工夫不负有心人。经过整整五年的时间，朱丹溪竟奇迹般地把母亲的病治好了。乡里人都夸他是个大孝子，母亲为有这样孝顺的儿子而感到宽慰。

"老吾老以及人之老"，朱丹溪见母亲的病治好了，他决定要给更多的人解除病痛。于是，他一方面继续自学医学，一方面寻访名师。一天，他终于打听到一位叫罗知悌的医生，医术很高明，就亲自登门拜师请教。而罗知悌拒不收徒，朱丹溪经过三年的努力，才被收门下。

这样，朱丹溪在名师罗知悌的精心指导下，没过几年就达到了药到病除的水平。朱丹溪很快成为一位远近闻名的医生。

■故事感悟

朱丹溪为给老母治病而改行学医，足见其对母亲的一片真情孝心。而他日以继夜地钻研医学，不难想象出他的毅力：为了一个目的，即使千折百转，不达目的誓不罢休。今天，这种精神仍值得我们学习。

■史海撷英

朱丹溪发奋为学

朱丹溪自幼性格豪迈，见义勇为，从"不肯出人下"。元大德四年

（1300年），朱丹溪刚刚年满20岁，便被任命为义乌双林乡蜀山里里正。在任期间，他刚正不阿，敢于抗拒官府的苛捐杂税，因而深得民众的拥护，就是官府都要忌他三分。

朱丹溪30岁时，母亲患病，"众工束手"，因此他立志学医。朱丹溪刻苦钻研《素问》等书，"缺其所可疑，通其所可通"，克服了学习上的种种困难。经过5年的勤奋苦学，他既治好了母亲的病，又为自己日后的医学道路打下良好的基础。

36岁的朱丹溪在强烈的求知欲驱使下，前往东阳师从许谦，学习理学。4年后，他成为许谦的得意门生。后来，他又将理学结合医学，推动了医学理论的发展。

延祐元年（1314年）八月，科举制度恢复。朱丹溪曾参加过两次科举考试，但都没有考中。然而，科举失败并没有使朱丹溪灰心丧气。这时，他的老师许谦卧病日久，也鼓励朱丹溪学医。于是，朱丹溪决意断绝仕途，专心从事医学事业。

从此，朱丹溪一心扑在医学上，学业大有长进。42岁时，朱丹溪治愈了恩师许谦多年的顽疾。

■文苑拾萃

《格致余论》

《格致余论》为我国元代著名的医学著作，由元代著名医学家朱丹溪撰于1374年。

《格致余论》全书共有论文41篇，包括基础理论、病症辨析、治法和对一些方剂的评述等内容，涉及内容相当广泛，篇次排列没有规律，颇有随笔杂记之韵味。如果不拘原书篇序而按所论内容分类，大致有：论苏生者，有"饮食色欲箴""养老论"等；论生理病理者，有"受胎论""阳有余阴不足论"等；论诊断者，有"涩脉论""治病先观形色然后察脉问证论"等；论治者则，有"治病必求其本论""大病不守禁忌论"等；论具体病症者，有"痛风论""疟论"等；论具体方药者，有"脾约丸论""石膏论"等。另外，还有其他杂论数篇。

在人体生理方面，朱丹溪重视阴血，认为阴精难成而易亏，因此提出了著名的"阳有余阴不足论"。在病因病机方面，朱丹溪重视湿热，相火，特撰"相火论"，指出正常相火虽为人身动气，但若因物欲妄动，则可成为贼邪。在治疗上，朱丹溪注重滋阴、养血、清热，反对滥用温补和盲目攻邪。

王祥孝敬继母

王祥（184，一说180—269），字休徵，琅琊（今山东临沂）人，历东汉、魏、西晋三代。仕魏官至司空、太尉，在晋官至太保。王祥以孝著称，为《二十四孝》中卧冰求鲤的主角。他亦是"书圣"王羲之四世祖王览的同父异母兄。

晋朝时，山东省琅琊郡（今山东省青川府沂水县）有位姓王名祥的人，他是东汉末年谏议大夫王吉的后代。王祥的祖父王仁曾任青州刺史，其父王融虽有学问才干，却不愿当官，只在家守祖业。

"家无生活计，坐吃如山崩。"王融自恃儒生，大事干不成，小事不愿干，家境一天天地衰败了，靠雇工种田维持一家人生活。

更不幸的是，王祥刚满两岁，生身母亲就病死了。其父王融续弦，娶朱氏为妻。朱氏面善心狠，生男孩王览后就偏爱自己生的儿子，经常在王融耳边谮说王祥，这样不对、那样不好地挑拨是非，致使王祥失爱于父亲。

当王祥才十来岁时，就要干挑水、砍柴这样的重活，还要打扫牛圈内的牛屎、牛尿、杂草。但小王祥很听父母的话，让干什么就干什么，从不顶嘴埋怨。

王祥人虽小但很懂事，伺候父母更加小心谨慎。每当父母有病，王祥主动煎汤熬药，端茶递水，从不偷闲。还常常夜不解衣，守候在病床前，实在太困了就趴在床沿上打个盹儿。俗话说"人心都是肉长的"，继母见王祥这般孝顺，渐渐回心转意，很少在父亲面前挑唆了。

有一年的冬季，朱氏因病想吃鲜鱼，就叫十多岁的王祥设法去弄鲜鱼。

王祥一连几天，跑了几个集市去买，连鱼鳞都没见到。河塘里冰结得厚厚的，白亮亮的，连水点都不见。

王祥对家乡那条河了如指掌，哪节河床有多宽多窄，哪处有深沱浅滩，哪里有石罅洞穴，哪处有鱼鳖虾蟹……他都清清楚楚。因为他从小就在这条河里游泳、玩水、捉鱼、摸虾、逮鳖、抓蟹……苦惯了的农家孩子，以此为乐趣。

这天晌午，暖烘烘的太阳光洒遍大地。王祥为了捉鱼，手握一根木棒，沿河走，边走边用木棒敲击河心的冰坨，寻找积冰较薄的地方。

王祥专找河深水薄处敲呀敲，竟将一处河心击开了一个窟窿，有簸箕那般大。

王祥脱衣解带，想钻进冰洞去摸鱼。突然，冰开窟窿处浪花翻滚，见有好几条鱼，迎着太阳的亮光摇鳍摆尾，喷泡跳跃，你追我逐，甚为壮观。嗨，竟有两三条鱼跃出了冰洞，躺在冰层上挣扎着。

王祥见了可高兴极了，捉住那几条鱼拿回家，烹调好给继母吃。继母吃着鲜嫩的鱼，心里乐滋滋的，似乎病体都轻松多了。

她眼见王祥比自己亲生的儿子还乖巧，感动不已。又听王祥讲了鲜鱼的来历，心想，这也许是神灵协助了他。

其实，绝大部分生物（特别是小动物）都有趋光性。现代渔民在大海中捕鱼，常用电激光来诱捕某些鱼类。

俗话说："风流人眼馋，患病人嘴馋。"害病的人，常想吃些不常吃的东西，这是正常现象，多属病态反映。想吃什么，巴不得随要随到才好。

又有一天，朱氏将王祥喊到床前对他说："祥娃呀，妈想吃那用火烤熟，再蘸上椒油，又酥又香的黄雀。你能给妈弄上一些来吃才好呢！"

天上飞的小黄雀，要想抓住它们可就难办啦！王祥想抓到黄雀，跑到山野地里去想办法捕捉，可是连跑了好几天，连一支黄雀羽毛都没捡到，每天总是失望地回家。

那天，王祥爬上几座高山去寻找，心想只要能找到黄雀鸟窝，等天黑后，爬上树去掏巢，总会抓住几只。

王祥正在山上攀藤拨草找鸟窝时，忽然间天空乌云翻滚，狂风乱刮，下起大雨来。他四顾无处躲雨，只见半山腰有座山神庙，就冒雨朝山神庙跑去。到小神庙前一看，山门开着，庙内无人。这只有一个殿堂的小庙，正面神龛上正中那尊骑着老虎的菩萨就是山神，大概是专管山中飞禽走兽的吧，他能驯虎来骑，其他禽兽当然不在话下。左边是骑虎撑龙的药王菩萨，右边是土地爷……，他们都是没上品级的地方官，当然住这山间小庙。神龛上挂的帏幔色彩较新，香炉中插的香烛杆较多。

王祥刚进庙不久，刹那间天昏地暗狂风大作飞沙走石，电闪雷鸣。王祥在庙内，风刮得他几乎透不过气来，紧接着大雨倾盆。

忽然，随着一阵狂风，一大群被雨淋湿的黄雀飞进庙来，躲进神龛上挂的帏幔里，有几十只。它们钻进帏幔就乱扑乱跳，翅羽淋湿，飞不高、扑不动了，有的已气息奄奄了。王祥乘机爬上神龛，一会儿就逮住了一二十只黄雀。

王祥将逮住的黄雀拿回家，照继母说的办法，去毛洗净，烘烤浇油，一个个油黄酥脆，香气扑鼻。继母吃了胜似灵丹妙药，病慢慢好了。

邻居乡亲闻听王祥逮黄雀的经过，都说是山神菩萨被王祥的孝行所感动，帮助他逮住黄雀。

王祥的继母朱氏也认为是神灵显圣，心理上起了促进作用，从此将王祥视为亲生儿子，送王祥进学堂读书，支持王祥跟一位武术教师学武艺。王祥也更细心地孝敬父母，同时勤读苦练，学好本领，长成了一位文武双全的壮汉，名声越来越大了。

后来，父亲不幸得病卧床不起，医治无效，不几个月就去世了。这下，家庭担子就靠王祥支撑了。尽管有二弟王览，但他是兄长，长兄当父嘛。

有一年，王家栽的苹果树结果很多。苹果快成熟时个个青中露红，挂在枝头很是诱人。王祥叫弟弟在家伺候老母，看好家门，他在树下看守苹果。一来防贼偷窃，二来好捡起被风吹落的果子……母亲欢心，弟兄和睦，家庭经济状况也比前几年宽裕多了。

"良禽选树而居，良臣择主而事。"那时，司马氏王朝为了争夺地盘扩充势力，以强凌弱，四方征战，闹得生灵涂炭，天下极不安宁，怨声载道。

王祥此时身强力壮，血气方刚，正是为国家出力的时候。但他见司马氏王朝不行仁政，挑起不正义的战争，不愿去为他们出力。

王祥看清了政局，避开战乱之祸。扶母携弟，收拾可带走的财物，迁居至庐江偏僻处。母子三人耕地过日子，隐居了近20年之久。在此地隐居时，弟兄二人均娶妻生子，团团圆圆，成为一大家人了。

同时，王祥在方圆几十里内结交了众多爱好武术的朋友，相互切磋交流武艺，受益匪浅。世人劝他出外谋个一官半职，他借口有母在堂需孝敬，绝不出仕。县州府官多次具厚礼登门拜访，均被他一概拒绝。

直至继母年老病逝，安葬守孝期满，家中无长辈牵挂时，徐州刺史吕虔备礼品，驾马车派专使，登门聘请王祥去当衙门提督武官，王祥还犹豫不决。

来人呈上吕虔刺史的聘书，聘书上说明：

王祥阁下：

久已闻阁下，孝行感神明，品德盖群芳。文武皆俱备，却养晦韬光。虔虽无功德，愿为举贤郎。适逢贼蜂起，黎民遭灾殃。君当挥戈起，锄暴以安良。凯旋归来日，吾当奏皇上。必登龙虎榜，功勋传四方。百姓翘首望，箪食携壶浆。

徐州 吕虔谨书

王祥看了徐州刺史吕虔的聘书，颇有感想。加上弟弟王览的竭力劝说，他才下定决心，邀约当地曾一同交往练武的朋友十余人去投奔吕虔部下从戎。

此时，王祥年近五旬了，但还不减当年威武，他立刻率领数十万大军征讨乱贼。他恩威并用，张榜教化众生，凡胁从者，放下武器，一律释放，不予追究；有小过失者，立即改邪归正，仍不追究；罪大恶极者自动归降的，可从宽处之；负隅顽抗者，严惩不赦。

如此文、武两用，宽严结合的征讨，贼群迅速土崩瓦解，王祥横扫千军如风卷残云……

王祥率领的队伍没经多长时间的拼杀追剿，徐州境内就平安无事了，老百姓甚为称颂。当王祥班师回朝时，老百姓箪食壶浆，以迎王师。

王祥由太尉升为侍中郎，最后受皇恩，册封为睢陵侯，颐养天年。

像王祥这样，年少时勤耕苦读苦练，细心孝敬父母，尽子女应尽之责；中老年时，又能为民出力，为国家效忠，真可算得上是忠孝双全的人！

█故事感悟

王祥真心诚意，数十年如一日地孝敬继母，这不是凭短时间"心血来潮的热忱"，更不是出于某种需要而"伪装"得下去的。王祥孝敬继母，从幼小至中年，直至年近五十，一如既往地视继母为亲母、长期孝敬供养送终，可谓难能可贵！

█史海撷英

高平陵事变

曹魏统治的中后期，司马懿的地位日益显要，魏明帝时已官至太尉。魏明帝死后，司马懿与魏宗室、大将军曹爽共执朝政，政治矛盾也日益尖锐。

曹爽因担心被司马懿夺了地位，便上表请求将司马懿转为太傅闲职，明升暗降，剥夺了司马懿的军政大权。他又安排自己的心腹何晏、丁谧等人执掌机要，竭力排斥司马懿在朝中的势力。于是，司马懿装病不起，有意麻痹曹爽，但暗中却在策划谋反。

正始十年（249年）正月，司马懿乘曹爽兄弟随魏帝祭扫明帝高平陵（在洛阳南）之机，在宫里发动了政变，夺取武库，派长子司马师屯兵司马门，自己和太尉蒋济则出屯洛水浮桥，断绝曹爽归路。又逼迫郭太后（魏明帝皇后）下令废掉曹爽兄弟的官职，先声夺人。随后，他又派人送奏章给魏帝，要求罢免曹爽兄弟。曹爽开始还犹豫不决，但为求活命，最终同意交出大权，以候还第。数日后，司马懿又以谋反的罪名诛杀了曹爽兄弟及亲信何晏、丁谧、毕轨等人。自此以后，曹魏的政权实际便落入司马氏集团的手中。

□ **文苑拾萃**

《二十四孝》第十八篇 卧冰求鲤

晋王祥，字休徵。早丧母，继母朱氏不慈，父前数谮之，由是失爱于父。母欲食生鱼，时天寒冰冻，祥解衣卧冰求之。冰忽自解，双鲤跃出，持归供母。

有诗曰：

继母人间有，王祥天下无。
至今河水上，一片卧冰模。

第三篇
慈母倾心付出

李绍碧夫妇倾家荡产抚弃婴

由中央电视台举办的"感动中国年度人物"评选活动，是一个在全国范围内颇有影响的活动。历年来，由此活动评出的一个个真实的人和事，以及他们背后所包含的精神，曾经令整个中国为之感动。能够当选，无疑是一个人一生中莫大的荣誉，然而，在2004年度的评选中，由读者推荐的一对重庆夫妇却拒绝参加评选。

1994年9月11日，下着小雨，重庆市钟表公司的职工李绍碧一下班就急急忙忙往家赶。这天是她与丈夫侯天锡结婚12周年的纪念日，她想早点儿回家为丈夫烧几个好菜，准备好好地庆祝一番。

当李绍碧走到石桥铺成渝高速路入口的人行天桥上时，看见一群人正在围着一个竹篮议论纷纷。出于好奇，她也挤了过去。进去一看，见竹篮里放着一个用尿布包裹起来的女婴。婴儿全身长满了脓疮，散发出阵阵的臭味。说来也怪，正当李绍碧准备转身离开时，刚才还安安静静的女婴忽然张开双臂，伸向李绍碧，并大声地哭喊起来。李绍碧一下子就动了恻隐之心，当即叫了一辆出租车，把这个可怜的女婴抱回了家。

回到家里，李绍碧打来热水，给孩子洗了个澡。李绍碧看到这个女婴又瘦又小，随身物品除了两件烂衣服外，还有一张烟盒纸，上面写着孩子的出生日期：1994年8月27日。

婴儿被清洗后，仍旧哭闹个不停，李绍碧夫妇隐隐有一种预感：这个弃婴多半是个病婴。善良的夫妻俩决定，先给这个孩子治好病，然后再将她送到福利院去。

夫妇俩顾不上庆祝结婚纪念日，抱着女婴坐车到了重庆市中医院。当得知孩子的来历后，一位老专家叹了口气，说："这孩子如果没人全心全意照顾，只有死路一条。"

他的话让李绍碧夫妻俩的心为之一动。看着怀里女婴充满稚气的小脸，李绍碧和丈夫都心酸地流下了眼泪。这孩子出生才十几天呀，难道就这样眼睁睁地看着她夭折！

最终，尽管有亲生的11岁的儿子，这对善良的夫妻仍决定收留这个孩子。因为捡到孩子那天下着小雨，侯天锡便给女婴取了一个很美的名字：侯思雨。

小思雨在李绍碧夫妻俩的精心呵护下渐渐长大。她长得白白净净，性格活泼可爱，李绍碧夫妻俩都把她视为掌上明珠。

然而，随着女儿一天天长大，李绍碧夫妻俩又多了一个心病。原来，当他们拿着身份证、户口簿和申请领养孩子的证明到有关部门办理手续时，出乎意料的是，任何一个部门都不给他们办理。眼看着孩子就要上幼儿园了，夫妻俩都非常着急。

一天，侯天锡在一本法律书上看到：有子女的夫妻因感情不和离婚后，没有监护子女的一方若再婚可以生育一个孩子。于是，一个大胆的念头出现在他脑海里：如果自己和妻子假离婚，那么孩子的户口问题不就解决了！

当他不假思索地将这个想法告诉李绍碧后，李绍碧却坚决不同意，她的第一个反应就是："你是不是在外面有了新欢，想抛弃我？"侯天锡这才意识到，虽然是假离婚，但对一个女人来说还是无法接受。

一晃两个月过去了，夫妇俩还是没想出别的办法。为了给女儿一个合法的身份，李绍碧最终同意了丈夫提出的这个无奈的提议。1995年11月5日，夫妻两人怀着复杂的心情，在那张被李绍碧的泪水浸润过的离婚协议上签了字。

历经千辛万苦，小思雨的户口问题最终得以解决。而这时，李绍碧夫妇为收养思雨准备的各种申请材料摞起来足足都有一尺厚了，其间的花费也超过了万元。

然而，就连这种微不足道的幸福也没能维持多久，厄运再次降临到了这个多灾多难的家庭。

2004年3月25日，李绍碧和思雨看完电视后早早地上床休息了。大约11点钟，侯天锡忽然听到妻子在女儿的房间里大声叫道："天锡，你快来呀！"

侯天锡以为有小偷，他操起一把斧头就冲了过去。然而，眼前的情景吓得他差点儿昏过去，只见女儿四肢像被电击似的颤抖不止，而且牙关紧咬，口吐白沫，全身僵硬。

侯天锡知道，这是癫痫发作。如果不及时抢救，女儿会有生命危险。他叫妻子赶快拨打120，自己则跑到楼上敲开邻居的门，恳求邻居用私家车送女儿到医院。车子一路奔驰，以最快的速度把思雨送到重庆儿童医院。后来医生说，幸亏来得及时，如果再迟来两分钟，人就没救了。

住院15天后，思雨就吵着要出院。懂事的她知道，家里根本没钱为她付住院费。然而，主治医生却告诉李绍碧，思雨患的是一种顽固性的癫痫病，其脑部多根神经受到损伤，病情十分严重，要根治几乎是不可能的。医生还不无痛心地说："这种病需要长期服用镇静剂，但这样一来，病人的大脑神经会因此受到损伤，智力水平会下降，身体发育也会滞缓，甚至有可能出现全身皮肤溃烂而死亡。"

李绍碧闻之潸然泪下，她不敢想象思雨以后会变成什么样子，更不敢想象，思雨还能坚持多久！

遵照医生嘱咐，思雨每天要服用三种药物，一天三次，这样下来，每月的药费就高达900多元。为了降低药物的副作用，她还必须经常补充高蛋白营养。因此，李绍碧隔三差五就要买乳鸽、天麻和人参给思雨补充营养。这一切对这个本来就一贫如洗的家庭来说，更是雪上加霜。

看到女儿的病慢慢得到了控制，李绍碧就对丈夫侯天锡说："我还是要去打工，挣一点算一点，不然，女儿哪一天停药了，我们就只有眼睁睁地看着她死去。"

2004年5月，李绍碧拖着病弱的身体，又来到黄花园劳动力市场找工作。好不容易才找到了一份给新装修房除胶的工作，每平方米1.5元。

打工的第一天，她拼尽全力，乐呵呵地挣了30元。回到家后，她才发觉双腿因长时间跪在地上而疼得抬不起来。第二天，她又说服自己去上班，因为这30元钱是思雨一天的药钱啊！然而，李绍碧太虚弱了，在上班后的第五天，她终于倒在了地板上。

侯天锡带妻子到医院做了检查，发现妻子居然患上了急性肾炎！钱没有挣到，还倒贴了3000多元医药费，李绍碧倒在病床上痛哭流涕。

这时候，侯天锡告诉李绍碧一个更不幸的消息：思雨由于大剂量服用镇静剂，其副作用已经开始慢慢显现了——她的身体渐渐发胖，目光也变得呆滞，智力和反应力明显下降，就连乘法现在都不会做了，弹琴也只能弹最简单的曲子。

李绍碧伤心欲绝。侯天锡痛心地说："如果哪家医院免费收治我们思雨，我愿给他们打一辈子工！"

丈夫的话震动了李绍碧，她对丈夫说："天锡，你可不能有半点闪失呀，你垮了，谁来照顾我们的女儿？我已是病残之身，只要能为女儿挣钱，我什么也顾不得了。你明天就到大医院去登个记，说我要卖掉自己的眼角膜，来给思雨治病！"

2004年12月5日深夜，思雨患的癫痫病又发作了。这次，思雨昏迷了整整五天，梦中的她不断重复着一句话："我不是爸爸妈妈生的，我不是爸爸妈妈生的……"侯天锡听到女儿的喊声才发现，原来思雨对自己的身世已产生了怀疑。

为了让思雨对自己的身世不怀疑，安心养病，夫妻俩又商量了一个法子。等思雨醒来后，他们神秘地告诉了她一个"秘密"："爸爸妈妈生了哥哥后还想要个妹妹，就学超生游击队，把你生下来了。但在外面，只能说你是捡的，不然爸爸妈妈会丢工作。"

小思雨信了。她向爸爸妈妈保证："别人再说我是捡的，我不还嘴，我要为爸爸妈妈保守秘密。"看着女儿稚气的眼神，李绍碧夫妻忍不住流下了伤心的泪水……

李绍碧夫妻为养女离婚六年，如今为她治病倾家荡产的感人事迹在山城重庆传开了。

经过推荐，夫妇二人被推选为中央电视台"2004年感动中国年度人物"的候选人，但他们却拒绝参加评选，原因就是他们想保住养女身世的秘密，让女儿能够安心治病。这个秘密已经延续了10年，他们知道秘密最终会公开，但是在女儿没有长大之前，他们希望将秘密保守住。

后来，侯天锡为了给女儿治病，又将自家的房子卖掉了，一家人挤住在一间窄小的房子里，负债6万余元。

虽然思雨的病还没有好转的迹象，但李绍碧夫妇并不灰心，他们说："女儿聪明懂事，我们一点儿也不后悔捡了她。生活的艰辛与思雨带给我们家的快乐相比，太微不足道了。我们一定会对她负责到底！"

■故事感悟

父母之爱是无私的，每个人都曾得到过这种爱的滋养，并且久久不能忘记。然而，李绍碧夫妻对女儿侯思雨的爱更加崇高，他们的爱已经超越了血缘关系，升华到超出普通情感的、最无私的境界。

■文苑拾萃

豫章行

（唐）李白

胡风吹代马，北拥鲁阳关。
吴兵照海雪，西讨何时还。
半渡上辽津，黄云惨无颜。
老母与子别，呼天野草间。
白马绕旌旗，悲鸣相追攀。
白杨秋月苦，早落豫章山。

本为休明人，斩虏素不闲。
岂惜战斗死，为君扫凶顽。
精感石没羽，岂云惮险艰。
楼船若鲸飞，波荡落星湾。
此曲不可奏，三军鬓成斑。

赵琳养育失聪女成才

2003年4月20日，在山东省济南市举行的2003年"环球小姐"大赛中国赛区总决赛上，山东省青岛市中心聋校年仅18岁的高二学生姜馨田以总分第六名的成绩夺得"中国十佳小姐"荣誉称号，并获得"最佳媒体关注奖"和组委会为她特设的"特别荣誉奖"，成为该项赛事52年来首位参赛并获得如此优异成绩的聋哑选手。

漂亮的姜馨田并非先天失聪，她出生3个月时，因治疗肺炎使用抗生素剂量过大导致双耳失聪。在与残酷命运的抗争中，母亲的殷殷爱意和姜馨田自身的不懈努力使她焕发出了灿烂光辉。

1981年，赵琳从山东省青岛师范学校毕业后，分配到青岛市唐山路小学任教。1983年，她和青岛市农药厂的姜国友幸福地步入了婚姻的殿堂。第二年8月，他们的爱情结晶——女儿姜馨田出生了。

馨田在3个月大时，有一天，赵琳在给她洗澡后，小馨田不慎患了感冒，经医生诊断为肺炎，一天打两针抗生素。一周后，小馨田病愈出院了。可赵琳万万没有想到，就是这样一次极为平常的治疗，却改变了女儿的一生。

从医院回来后，赵琳发现女儿变得有些"呆"。开始时，赵琳以为是女儿过于专注，渐渐地，她发觉女儿有些不正常。馨田13个月大时，赵琳抱着她来到医院。经诊断，小馨田患的是药物中毒性耳聋，原因就是她10个月前治疗肺炎时使用的抗生素剂量过大。这种病，几乎没有治愈的可能。看着诊断书，赵琳一下子瘫坐在椅子上。

那时，赵琳和丈夫每月工资加起来才300多元，而给女儿做高压仓一个疗程就要400多元，又几乎没有治愈的可能，但赵琳还是决定给女儿做，她实在不甘心。

然而天不遂人愿，经过一个疗程18天的治疗后，小馨田的病依旧没有半点好转的迹象。医生建议赵琳："你当务之急的事情是教女儿说话，争取让她聋而不哑。孩子两岁后声带就会逐渐萎缩，你必须从现在开始抓紧时间训练。"听完医生的话，赵琳知道自己必须面对女儿双耳失聪这一残酷事实。那天，她一个人躲在屋子里整整哭了一个晚上。

清晨，望着窗外渐渐明亮起来的天空，一个坚定的信念像太阳一样在她心头冉冉升起：自己不管付出多少辛苦、多大代价，一定要让女儿像正常人一样生活，甚至比正常人做得更好！她决定先教女儿说话，让女儿能够和别人进行简单交流。这是一个人最基本的生存能力。

别看赵琳是一名优秀的小学教师，但教起自己的女儿来还真有些无计可施。那时，对聋儿进行语言训练还没有任何现成经验可供借鉴，一切都要靠赵琳自己摸索。教字母"a"的发音时，女儿虽然能模仿着做出和赵琳一样的口型，但因为声带不会振动，根本发不出声来。不论赵琳怎么着急，女儿就是瞪着无辜的眼睛不知所措地看着她。女儿那么小，她根本就不知道这是在做什么，也不会配合，时间一长就不干了，不停地哭闹。女儿一哭，赵琳也跟着哭，常常是学着学着，母女俩就抱在一起哭成一团。功夫不负有心人。一星期后，小馨田终于能发出短促的"啊"声了。两岁多一点，当小馨田指着赵琳的照片，含混不清地说出"妈——妈——"时，赵琳激动得哭了。

除了教女儿说话外，赵琳还着重培养女儿的生活自理能力。馨田3岁时，赵琳就让她拿着自己事先写好的"服务员同志，请您帮我孩子选购××"的纸条独自到离家很近的小卖店购买小的日用品。每次按要求买回来，赵琳都会鼓励女儿说太棒了。小馨田也很高兴，变得更加自信了。

1988年，青岛市中心聋校新开了语言训练课程，目的就是让聋儿学会说话，能根据对方的口型、表情等判断出语言内容，从而进行简单地交流。不久后，赵琳把女儿送到了学前班。

有一天，小馨田放学回来，突然用小手指着赵琳清晰地说："妈妈笨蛋！"说完还不停地笑。

赵琳一愣，继而明白这可能是女儿和小朋友之间开玩笑的话，她没往心里去。忽然，她像发现新大陆一样急切地对女儿说："你刚才说什么？再说一遍。"

当小馨田再一次清晰地说出"妈妈笨蛋"时，赵琳禁不住喜极而泣。以前，女儿只会说"花""草"这样的单音词或像"爸爸""妈妈"这样的叠音词，这次，她竟然清晰而连贯地说出了4个字。虽然只有4个字，但毕竟是一句完整的话啊！那天晚上，小馨田说一句"妈妈笨蛋"，赵琳就说一句"女儿笨蛋"，欢笑声溢满了整个屋子。

在赵琳和丈夫无微不至的关怀和爱护下，小馨田健康快乐地长大了。从小学到中学，她的学习成绩始终保持在整个年级的前五六名，几乎每年都被学校评为三好学生，小馨田渐渐懂得了回报父母、回报社会。

1998年7月，在山东省残疾人文艺会演中，馨田参与表演的小品《路口》荣获二等奖，青岛市残联发给她168元补贴。拿到钱，馨田到药店花25元买了一盒"丹桂香"胃药。赵琳的胃不好，一次她带女儿买胃药时，见"丹桂香"太贵，就换了一种便宜的，没想到这件小事却被懂事的女儿记在心上。

感动之余，赵琳板起脸"训斥"起女儿来："你真能乱花钱，以后买东西要和妈妈商量。"馨田撅起小嘴委屈地说："你就不理解我的心！"

1998年9月，14岁的馨田从青岛市中心聋校的小学部升入初中部。这时，她的身高长到1.67米，体形匀称、容颜秀丽，已经出落成一个亭亭玉立的小美人了。经过选拔，她加入了学校开设的"形体训练"班，很快就喜欢上了"T型台"和舞蹈。

别看模特们在台上仪态万千、风光无限，训练起来却很辛苦。刚穿上鞋跟又细又长的高跟鞋，馨田站都站不稳，更别说走路了。最初一个月是最难熬的。馨田的脚磨出了血泡、茧子，因为几乎每天都要训练，往往是旧伤未好又增新伤，一双脚伤痕累累，但她从不叫一声苦。每天训练完回家，赵琳都要打来热水，仔细地给女儿洗脚、按摩。

在老师的严格要求和细心指导下，馨田进步得很快。无论是在台上的表情、神态，还是对走步时节奏、力度的把握以及对不同服装的理解都恰到好处。她很快从同学中脱颖而出，获得了"校级特长生"荣誉称号。

2002年8月，在母亲和老师的鼓励下，馨田报名参加了第十二届青岛国际啤酒节暨青岛市第五届服装模特儿大赛。

赵琳的本意其实是让女儿通过比赛锻炼自己，增加经验阅历，根本没敢奢望获奖。因为女儿毕竟双耳失聪，又是第一次参加这样大规模的比赛。没想到，馨田很快就进入了比赛状态，凭着扎实的功底和出色表现，一路过关斩将，经过初赛、复赛、半决赛、准决赛和总决赛五轮比赛，最终在500名参赛佳丽中脱颖而出，被评为"青岛市十大美人"。

2003年3月初，享誉全球的三大选美赛事之一，"环球小姐"大赛中国赛区预选赛在全国各地拉开帷幕。馨田主动要求参加，并征求母亲意见。赵琳想，这项赛事，可以说云集了全世界的名媛佳丽，且不说最后的总决赛，就是中国赛区的比赛也是强手如林，但不论结果如何，对女儿都是一次难得的锻炼。她给女儿制定了"不计结果，重在参与"的参赛原则。

当晚，馨田在日记中写道："虽然我双耳失聪，但作为一个'人'，我不认为自己和其他人有什么不同。我和健全人一样生活在同一片蓝天下，我也要不懈努力，勇敢地追求自己的梦想，并积极面对人生的考验。对于这次比赛，我作好了充分的心理准备，如果有幸入围，我会把自己调整到最佳状态，向全世界展现中国女性，尤其是聋哑少女的风采；如果不能获奖，我也会珍惜这一次经历，它会是我人生中一笔不小的财富。"

看完女儿的日记，赵琳放心了。

在这种平和心态下，比赛中馨田充满自信，发挥稳定，在青岛市及山东省赛区选拔赛上都取得了前十佳的优异成绩，顺利杀入在济南举行的中国赛区半决赛。

4月9日，馨田与进入半决赛的选手一起到济南等地拍外景。临行前，馨田没让母亲陪自己一起去，而是充满自信地说："等到决赛时您再来吧。"一到驻地，馨田就主动和其他选手及组委会工作人员打招呼，"推销"自己，很快就赢得了好人缘。

4月15日，馨田到街上买了一张IC卡，把要和母亲说的话事先写在了纸条上，然后求一位姓曹的服务员给母亲打了电话。

在电话中，赵琳听到的虽然是别人的声音，但感觉和听自己女儿的声音一样。

女儿说："那天，我们到泰山拍外景。在一个大庙里，看着那尊大大的佛像，我不知为什么一下子跪在蒲团上，泪流满面，真想用嗓子大声喊：'佛啊，请你保佑我，让我听到声音吧！'但我最终没有喊，因为我知道，佛并不能真正帮助我什么，一切都要靠自己努力！"

听到这儿，赵琳禁不住泪流满面。

4月17日，赵琳在青岛家里再次接到了女儿从济南打来的电话："妈妈，你快来！"原来，省市选拔赛时，"才艺表演"环节给每位选手的时间是1分30秒，到了半决赛，却突然改成了58秒。馨田必须在保持舞蹈整体风格的前提下压缩乐曲长度，精简舞蹈动作。

18日，赵琳赶到济南时，离半决赛开始已经不足一个小时了。赵琳果断地压缩了乐曲的前半部分，重新设计好了舞台动作，然后对女儿说："你虽然不熟练，但不要慌，到时候妈妈在台下用手语给你做提示。妈妈相信你！"因为台下暗，赵琳特意向组委会申请了聚光灯。

于是，在半决赛的才艺表演环节，人们看到了这样一幕"奇特"景象：馨田出场了，本该聚拢在台上的灯光忽然有一束直射台下，照亮了观众席上一只高高举起的手。乐曲响起，馨田做出的舞蹈造型随台下妈妈手势手形的变化与乐曲配合得恰到好处，天衣无缝。

4月20日晚，"环球小姐"大赛中国赛区总决赛在济南如期举行。台上，馨田的泳装、晚装表演大方得体、高雅动人，舞蹈表演节拍准确、造型优美，直到"才智问答"环节，观众才知道她竟然是一位双耳失聪的残疾人。

馨田抽到的题目是"人的生活质量应该包括哪些内容，为什么？"她立即用笔写了几句话递给主持人。主持人说："我替这位聋哑姑娘向评委作答。对于一个健全人来说，生活质量是丰富多彩的。我作为一名聋哑人，生活中有许多不便，但在人们爱心的帮助下，我的生活处处充满了阳光。感谢大赛给了我这样一个机会，我会用我的方式回报社会，把爱心和美丽洒满人间。"

最终，馨田以总分第六名的好成绩夺得"中国十佳小姐"荣誉称号，并荣获"最受媒体关注奖"和大赛组委会为她特设的"特别荣誉奖"。台下，赵琳禁不住泪雨滂沱。"这种荣誉是空前的。""环球小姐"中国总部总裁高祖权先生说："姜馨田是以自己的自信、美丽、乐观、健康而赢得这一荣誉的。这是大赛52年历史上的第一次，也是中国所有女性的光荣。"

□故事感悟

正是由于赵琳含辛茹苦的养育和辛勤的培养，才有了女儿馨田今天的成就。馨田的自信、美丽、乐观和健康都与这位伟大的母亲分不开！

思母

（唐）舆恭

霜陨芦花泪湿衣，白头无复倚柴扉。

去年五月黄梅雨，曾典袈裟籴米归。

妈妈让盲童走进音乐殿堂

1987年，尹爱军和戴德才走进了向往已久的婚姻殿堂。他们都是某汽车制造厂的工人，婚后，夫妻二人非常恩爱。几个月后，尹爱军发现自己怀孕了，夫妇俩欣喜若狂。

1988年5月18日，小戴博出生了。他长得特别可爱，大眼睛又圆又亮，谁见了都想搂着亲上几口。看来，她的胎教很有成效，戴博生来对音乐敏感，只要音乐响起，他的哭声立即止住，专注地倾听，有时还咿咿呀呀地跟着音乐节奏哼哼。

戴博五个月大的时候，尹爱军突然发现儿子有些畏光，见了光就大声哭喊。医生诊断，孩子得了先天性青光眼。尹爱军夫妇无法接受这个现实。接下来几天，他们疯了似的带着儿子四处奔走，见医院就进。但事实是残酷的，医生的一次次确诊让他们几乎濒临绝望的边缘。

朋友们都劝尹爱军放弃这个孩子算了，但尹爱军下定决心，要把全部的爱心和精力都放在小戴博身上。

尹爱军知道孩子最大的爱好就是音乐。她买来各种磁带给他听，希望他能从音乐中得到慰藉。

她真正发现儿子的音乐天赋是1993年。

有一天，尹爱军去托儿所接儿子，其他孩子早都走了，幼儿园阿姨轻轻对她招手说："你看你儿子在干什么呢？"她循声望去，只见5岁的儿子正坐在风琴前，两条小腿拼命够着踏板，两只小手在琴键上按着，居然磕磕绊绊弹出了一支曲子。阿姨说："这首歌我在班里弹过几次，但从来没教过戴博，看来你儿子音乐资质很好啊。"

尹爱军心中一动，她买来大量音乐书籍，教孩子入门，还找一些名家名曲的演奏带给他听。就这样，在妈妈的培养下，音乐已经成了小戴博生活中不可缺少的内容。偶尔有一天没听到音乐，小戴博就像生了病一样，一点儿都提不起精神来……

戴博在五个月大的时候，第一次被推进手术室，接下来的六年中，他竟然先后进行了12次手术。1995年，由于病情恶化，尹爱军又带儿子到北京的医院进行第七次眼部手术。尹爱军听说，打过多麻药会刺激孩子的大脑，儿子眼睛坏了，不能让他脑子也不好使。

可是如果不全麻，儿子能承受那种锥心的疼痛吗？经过思想斗争，她只好"残忍"地劝戴博说："儿子，麻药打多了会影响大脑，你可不可以不用'全麻'？虽然很疼，但你要战胜它！"懂事的戴博说："妈妈，我会用精神战胜疼痛！"

在去手术室的电梯前，尹爱军请麻醉师给儿子少打麻药。麻醉师惊讶地说："别开玩笑，孩子这么小挺不住的，别说孩子，就连大人也挺不住啊！这可是眼睛手术！"她不甘心，坚定地说："我儿子能挺住。"说完她紧紧地握住儿子的手，小戴博也坚强地说："叔叔，我能行！"

在尹爱军和戴博的坚持下，麻醉师只给他注射了局部麻醉剂，但由于戴博手术打麻醉剂的次数太多，这点剂量对他已不起作用了。戴博没有要求重新注射麻醉剂，只让护士将自己绑在手术台上，把一块纱布含在嘴里。

但这哪是一个6岁的孩子能承受的痛苦啊！从手术刀第一下落在眼睛上，钻心的疼痛就让戴博汗如雨下。他一声不吭，咬紧嘴里的纱布，接着是第二刀、第三刀……

戴博想起了母亲的话：一定要用精神战胜肉体上的疼痛。为了分散精力，他甚至强迫自己做起了妈妈刚教完的算术题。两个半小时的手术，戴博坚强地挺了过来。

手术完成后，当护士撬开戴博的嘴时，发现纱布已被孩子咬碎了，解开绑在手术台上的布带，孩子的身上是几道深深的渗血勒痕。戴博这时还勉强挤出了一丝笑容，对大夫护士说："我没事儿。"

望着眼前发生的一幕，在场的大夫护士都哭了。当把戴博推出手术室的时候，眼含热泪的护士只对尹爱军说了一句话："你儿子真是个英雄！"

但残酷的命运没有放过小戴博，病情还是不可阻挡地恶化了。

1996年6月12日，正在外面玩耍的戴博眼前突然一黑，右眼的视网膜脱落了，满脸泪水的他一步步爬回六楼家中。就这样，戴博永远失去了他的右眼，左眼视力也只有0.001，8岁的他成了残疾人。

1993年，尹爱军带儿子找到了某艺术学院的王燕茹老师。经测试，戴博听音、唱音异常准确，王燕茹意识到戴博的天赋，告诉尹爱军，戴博在音乐方面会有很大发展前途："除了钢琴，你什么乐器都别买，其他乐器的音质会'毁'了你儿子的耳朵。"

戴家为戴博治病早已花光了所有的积蓄，哪来钱买钢琴呢？夫妻俩东拼西凑了1.2万元钱，才买到一架英国产的金斯伯格钢琴。

这时，尹爱军想方设法找到了长春大学特教学院的陈明大教授。1995年7月1日，戴博正式拜师，陈明大成了戴博的启蒙恩师。当时戴博的眼睛已经看不见东西了，陈教授每教一首新曲，就给他说谱，把戴博的手放在自己手上，让他领悟指法。

初入音乐殿堂的戴博如饥似渴，每天十几个小时苦练钢琴，仅仅经过一年时间，就通过了业余钢琴五级，而普通孩子通过这一级别要花五年时间。在接下来的几年里，戴博多次转投名师，音乐造诣有了很大提高。

1999年，戴博通过了业余钢琴九级的考试，这已是业余钢琴所能达到的最高级别了。更为难得的是，戴博的作曲才华异常突出。戴博刚练琴不久，尹爱军发现他总是弹"奇怪"的曲子，她问孩子怎么回事？戴博回答："这是我自己作的曲子。"

老师听完戴博弹奏自己创作的曲子后，用了三个"很"来表达自己的激动心情："很好，很精彩，很有创意！这么大的孩子能用琴声把自己的感受和想法表达出来，我教音乐四十多年还是头一回碰到。"

1997年9月，尹爱军听说某琴行的老板是个优秀的乐手，在作曲方面一定有熟人。她以试琴为名，让戴博弹了一首自己作的曲子，这下引起了琴行老板的注意。作为音乐的行家里手，他居然从没听过这支曲子，不禁好奇地问："你弹的是什么曲子呀？"

"是我自己作的。"

老板像发现了新大陆，连说了不起，还把他的音乐同行都请来，听戴博演奏。在他的引荐下，戴博拜长影乐团的资深作曲家吴大明为师，学习作曲。

戴博学琴时，由于眼睛看不见，只能由妈妈照着曲谱，一个音一个音告诉他，他再弹出来。久而久之，戴博竟练出了"过耳不忘"的惊人记忆力。一首曲子别管多长，只要他弹一遍或听一遍，摸着琴就能弹出来，教过他的老师无不啧啧称奇。随着年龄增长，戴博左眼视力稍微有所提高，尹爱军就用毛笔把特大号的音符写出来，戴博就能看着弹了。

戴博能进入中央音乐学院附中很偶然。2000年4月25日，戴博一家被评为"全国文明家庭标兵"。当时全省只有两户家庭获此殊荣，他们一家三口来到北京参加颁奖仪式。没摸钢琴才两天，戴博的手就"痒"得不行了，想找琴弹弹。母子俩一商量，就在中央音乐学院下了车。

在学院里，母子俩循声找到了琴房，戴博扑到钢琴边，积蓄了两天的激情化作美妙的音符。儿子的美妙琴声"招"来一大群音乐行家。

"这孩子的音乐感觉太棒了，我搞音乐搞了25年，从没见过这样的孩子！"西安交响乐团一个指挥家赞叹地说，他把戴博介绍给中央音乐学院的张志伟老师。

接下来的半年，母子俩每周五坐火车去北京上课，为了省钱，他们只买站票。戴博每次都在硬座下的地板上睡觉，一想到音乐，他身上就有使不完的劲儿。见戴博如此出色，张志伟鼓励他报考中央音乐学院附中。

中央音乐学院附中每年都有成千上万名学生报考。进入这所学校需要经过残酷的竞争，2001年只招了104名学生，盲眼的戴博能行吗？

2001年中央音乐学院附中的招生考试4月18日开始。3月初，夫妻俩带着戴博早早来到北京。一家3口在学院附中附近租了一间仅有4平方米的小屋，刚好能搁下一张床。业余时间，尹爱军去做钟点工，爱人戴德才在一家货场找了一份零工，勉强维持生计。

在北京期间，中央音乐学院附中的领导听说从长春来了一个音乐"神童"，每天都在院里练琴。在考试前，校方组织了一些声乐专家，对戴博进行了一次"预考"，大家都被这个孩子超凡的"天赋"所折服，校方甚至打算破格提前录取戴博。但是学校没有这个先例，于是有人给尹爱军出主意：戴博不是残疾儿童吗？到中国残联开出介绍信，就可以按特殊人才录取了。

面对捷径，戴博和妈妈却作出了一个出乎意料的决定：跟正常孩子一样，参加考试，用真正的实力证明自己。

面对15名音乐权威教授，戴博选了一首难度偏大的贝多芬奏鸣曲的第四乐章，篇幅长达30余页的钢琴名曲，戴博竟然一个音符都没有弹错，15名专家教授脸上露出了笑容……9日下午，成绩榜公布出来了，戴博钢琴、作曲总分都是第一，以全国第一名的成绩考入了中央音乐学院附中的作曲系。尹爱军的泪，顺着脸颊淌了下来。

都说音乐是贵族艺术，这话一点儿不假。为了孩子，尹爱军夫妻俩付出了所有的心血。刚学琴时，孩子天天要去练琴，每次都要倒四五趟车。父亲戴德才咬牙从不多的积蓄中拿出2000多元钱，买了一辆二手三轮机动车，拉着母子俩去学琴。

二手车故障多，三九天里经常抛锚，怎么也打不着火，怕迟到的戴博在冰面上由妈妈领着跑，戴德才在后面修车。为了增加收入，戴德才又用这辆三轮车拉活挣钱。数九寒天，戴德才的手在手套里出汗、结冰又冻硬……手关节患了严重的风湿病。

几年来，上千盘音乐光碟、数百本音乐资料、二手复印机、打印机就这样由戴德才骑着三轮车"拉"了回来。孟子的母亲为了儿子的教育曾经三迁其家，戴家为了戴博学习音乐，六年来搬了8次家。在一汽集团领导的关怀下，他们才住进了两室一厅。儿子要去北京上学，尹爱军又从心爱的工作岗位上退了下来，到北京照顾儿子的起居生活。

为了激发儿子的创作灵感，尹爱军带戴博去长白山采风。母亲的苦心没有白费，触摸了清澈的泉水、倾听了悦耳的松涛后，戴博马上创作了一组关于环保的童声合唱。

戴博认为，盲人学音乐并不比正常人困难，盲人看不见，会用心去听，上天夺去了他的眼睛，却给了他好耳朵。学音乐以来，他的作曲技法已相当成熟，创作了100多首钢琴曲、歌曲、合唱。演奏技巧上，他擅长古典音乐与民族音乐相结合。他说："每当听到音乐，每当抚着母亲的手，我的心里就一片光明。"他在歌词中写道："风折断翅膀，折不断意志。有阳光，有春风，有母爱，就有希望……"

■故事感悟

孩子失明了，对母亲来说是一种灾难，这就意味着她需要用一生来照顾这个孩子。在外人看来这是苦难，但是在母亲眼里，这却是一种培育的幸福。对于母亲来说，孩子就是她的一切。这就是无私、伟大的母爱。

■文苑拾萃

燕诗示刘叟

（唐）白居易

梁上有双燕，翩翩雄与雌。
衔泥两椽间，一巢生四儿。
四儿日夜长，索食声孜孜。
青虫不易捕，黄口无饱期。
觜爪虽欲敝，心力不知疲。
须臾十来往，犹恐巢中饥。
辛勤三十日，母瘦雏渐肥。

喃喃 教言语，一一刷毛衣。
一旦羽翼成，引上庭树枝。
举翅不回顾，随风四散飞。
雌雄空中鸣，声尽呼不归。
却入空巢里，啁啾终夜悲。
燕燕尔勿悲，尔当返自思。
思尔为雏日，高飞背母时。
当时父母念，今日尔应知。